GÉOGRAPHIE

HISTOIRE, STATISTIQUE ET ARCHÉOLOGIE

DES

89 DÉPARTEMENTS

DE LA FRANCE

PAR

ADOLPHE JOANNE

MEURTHE

(TRENTE-UNE GRAVURES ET UNE CARTE)

PARIS

LIBRAIRIE DE L. HACHETTE ET Cie

BOULEVARD SAINT-GERMAIN, N° 77

GÉOGRAPHIE

DE

LA FRANCE

MEURTHE

Coulommiers. — Typ. A. MOUSSIN.

GÉOGRAPHIE

HISTOIRE, STATISTIQUE ET ARCHÉOLOGIE

DES

89 DÉPARTEMENTS

DE LA FRANCE

PAR

ADOLPHE JOANNE

MEURTHE

(TRENTE-UNE GRAVURES ET UNE CARTE)

PARIS

LIBRAIRIE DE L. HACHETTE ET Cie

BOULEVARD SAINT-GERMAIN, N° 77

1868

TABLE DES MATIÈRES

I

Le Sol

II

Les Habitants

III

Antiquités, Monuments, Beaux-Arts

IV

V

LISTE DES GRAVURES

Carte du département de la Meurthe à la fin du volume.

AVANT-PROPOS DES ÉDITEURS

Les programmes officiels de l'Enseignement secondaire spécial publiés en 1866 comprennent, pour la partie consacrée à la Géographie, l'étude sommaire de la France et l'étude plus détaillée de chacun des 89 départements. Afin de répondre aux demandes de ces programmes nous avons déjà publié une *Géographie de la France*, par M. E. Cortambert. Des monographies spéciales, semblables à celle que nous offrons aujourd'hui au public, auront pour sujet les 89 départements. Comme on peut s'en assurer en jetant les yeux sur la table des matières, ces monographies contiennent tous les faits et tous les renseignements qui peuvent intéresser non-seulement les professeurs et leurs élèves, mais toutes les personnes curieuses de connaître la géographie, l'histoire, la statistique, et l'archéologie d'un département.

Le chapitre Ier, constate la situation, les limites, la superficie du département, en étudie le relief, la géologie, la physionomie, en expose l'hydrologie, le climat, en énumère les productions naturelles, en décrit enfin les curiosités naturelles.

Le chapitre II présente l'histoire et la biographie, le tableau officiel des divisions administratives, et des détails statistiques puisés aux sources les plus récentes et en grande partie inédits, sur la population, les langues, le culte, les voies de communication, l'agriculture, l'industrie, le commerce, l'instruction publique, l'assistance publique et la justice.

Le chapitre III est consacré aux antiquités, aux monuments et aux beaux-arts. La première partie, illustrée de nombreuses gravures explicatives, résume les notions archéologiques générales sans lesquelles il est impossible de comprendre et d'étudier un monument. La seconde partie, également illustrée, est spécialement consacrée à la description sommaire des principales antiquités et des plus importants monuments du département.

Le chapitre IV contient la liste des principaux ouvrages publiés sur le département; enfin le chapitre V est un dictionnaire détaillé et alphabétique de toutes les communes, comprenant pour chaque commune la superficie, la population, la position, l'altitude, l'indication du canton auquel elle appartient, des chemins de fer qui la desservent, les curiosités naturelles, archéologiques ou artistiques.

Nous avons confié la rédaction des Géographies départementales à M. ADOLPHE JOANNE. L'auteur de l'*Itinéraire général de la France* (10 vol. in-12) et du *Dictionnaire des communes* (1 vol. grand in-8 de 2400 pages) a déjà prouvé au public qu'il connaît parfaitement la France tout entière pour l'avoir non-seulement étudiée à l'aide des livres les plus estimés, mais explorée lui-même dans toutes ses régions, et qu'il était capable de la décrire avec une méthode sûre, une exactitude scrupuleuse et une autorité digne de foi.

M. Maggiolo, inspecteur d'académie à Nancy, et MM. les inspecteurs de l'enseignement primaire du département ont bien voulu réviser sur les lieux la *Géographie de la Meurthe* et aider ainsi l'auteur à s'approcher le plus possible de la perfection; nous devons, en particulier, d'utiles renseignements à M. René, inspecteur de l'arrondissement de Toul.

L. HACHETTE ET Cie.

DÉPARTEMENT

DE

LA MEURTHE

I

LE SOL

1° Situation, limites, superficie, altitude.

Situation. — Le département de la Meurthe, qui doit son nom à la rivière de la Meurthe, affluent de la Moselle (*V. Hydrographie*), fait partie de la région du nord-est de la France. Il est situé entre 48° 20' 30" et 49° 45" de latitude et entre 3° 21' 15" et 4° 54" de longitude orientale.

Limites. — Le département de la Meurthe est borné au nord par le département de la Moselle, à l'est par celui du Bas-Rhin, au sud par celui des Vosges, à l'ouest par celui de la Meuse. Il n'a guère de limites naturelles qu'au sud-est. De ce côté, la Plaine (*V. Hydrographie*) le sépare du département des Vosges, dans la presque totalité de son cours (24 kilom.).

Superficie. — La superficie du département est de 609, 004 hect., d'après le cadastre. Sous le rapport de l'étendue, la Meurthe occupe le 43e rang parmi les départements français. On trouvera dans l'article *Statistique* des renseignements détaillés sur la distribution du sol au point de vue de la production; dans les divisons administratives, la superficie de chaque arrondissement et de chaque canton, celle de chaque commune dans le *Dictionnaire* (*V.* la IVe partie).

....

Altitude (1). — Le point le plus élevé du département se trouve dans les Vosges ; il est indiqué à l'article *Relief du sol, Géologie*, ainsi que l'altitude du point le plus bas la Moselle à sa sortie du département. Entre ces deux altitudes (952 et 174 mètres), il y a une différence de 778 mètres. L'altitude moyenne serait, d'après ces chiffres, de 389 mètres; mais elle est, en réalité, moins considérable, et même peu de collines s'élèvent à cette hauteur; l'ensemble du pays est beaucoup plus bas.

2° Relief du sol, géologie, physionomie du pays.

Le département de la Meurthe, l'un des plus boisés de la France, puisque les forêts couvrent 0, 304 environ de sa superficie, est en général fort accidenté et offre de nombreuses vallées très-diverses d'aspect. Le point le moins élevé au-dessus du niveau de la mer est celui où la Moselle quitte le département (174 mètres); le sol s'élève vers le S. O., jusqu'au pied des Vosges. Les Vosges contiennent le point culminant du département, qui atteint 952 mètres. La différence entre les deux niveaux extrêmes est donc de 778 mètres, sur une distance à vol d'oiseau de 98 à 99 kilomètres. Mais la pente du sol est loin d'être uniforme; la constitution géologique du terrain en modifie sensiblement le relief, et, sous ce rapport, la Meurthe présente 5 régions distinctes.

La Ire région est formée par les montagnes des Vosges, qui s'étendent à l'E. de l'arrondissement de Lunéville, au S. et à l'E. de celui de Sarrebourg, sur une longueur de 50 kilom. et une largeur de 14 kilom. environ. Elles commencent à surgir dans l'arrondissement de Lunéville, à 800 mètres environ de la rive droite de la Meurthe, à l'endroit où elle entre dans le département. Ce ne sont d'abord que des collines de 90 à 110 mètres d'élévation ; mais à l'E., sur la rive

(1) Il faut bien distinguer l'altitude de la hauteur d'une montagne ou d'un point quelconque. L'*altitude* d'un lieu est son élévation au-dessus du niveau de la mer; la *hauteur* de ce même lieu est son élévation au-dessus des lieux voisins. Lorsque les chiffres que nous donnons ne sont pas suivis du mot *hauteur* ou *élévation*, ils indiquent l'*altitude*.

droite de la Plaine, qui sert de limite au département sur une longueur de 24 kilom., des montagnes de 200 à 350 mètres de hauteur relative s'élèvent brusquement, et forment une chaîne parallèle à celle de la rive gauche de la Plaine, moins escarpée, mais plus haute.

Les lieux habités sont rares dans cette région, couverte par les forêts du Clos et des Élieux. Ils deviennent plus communs sur le versant qui s'abaisse en pente douce vers le N. O, et sur la plaine, en remontant la rivière.

Dans la partie des Vosges appartenant à l'arr. de Sarrebourg, les montagnes sont plus hautes et deviennent escarpées à mesure qu'on approche de leur sommet. Les vallées sont plus nombreuses et donnent naissance à quelques rivières importantes (la Sarre, la Vezouse, la Zorn); en quelques endroits, surtout aux environs de Saint-Sauveur, de Dabo, de Saint-Quirin et sur la Zorn, elles présentent des sites véritablement grandioses.

Les principales forêts de cette région, tout à fait semblable à la fameuse Forêt-Noire allemande, sont celles de *Dabo* (11,060 hect.) de *Saint-Quirin* (5,286 hect.), de *Raon-lès-l'Eau* (1,232 hect.) et de *Bousson* (1,034 hect.) : les cimes les plus élevées sont *Pierre-à-Cheval* (585 m.), le *Grand-Bréteux*; le *Grand-Cheneau* (665 m.), le *Roc de Taurupt*, près des sources de la Vezouse (732 m.), la montagne dominant, au N., Raon-lès-l'Eau (745 m.) Le sommet qui donne naissance à la Zorn et à la Mossig a 952 mètres; c'est le point culminant de la Meurthe, car les montagnes de 1024 mètres d'où descendent les deux Sarres, et qui s'élèvent sur la limite du Bas-Rhin, ont leurs sommets dans ce dernier département. Au N. de ce point, la chaîne s'abaisse rapidement; les montagnes qu'éventrent le canal de la Marne au Rhin, et le chemin de de fer Paris à Strasbourg par le tunnel de Hommarting (2,678 m. de long.), n'ont plus que 300 à 500 mètres d'élévation.

Malgré le grand nombre des vallées et des cours d'eau, les forêts de la partie des Vosges comprise dans l'arrondissement de Sarrebourg sont presque en entier désertes; les villages ou hameaux ne se rencontrent guère, de la limite de l'arrondissement de Lunéville à Dabo (environ 20 kilom. à vol d'oiseau) qu'à une distance de 10 à 12 kilom. de la limite départementale. Quelques scieries ou des maisons isolées sont les seuls lieux d'habitation que l'on trouve. Les villages les plus engagés dans les Vosges sont Dabo et Saint-Sauveur; ce dernier, situé à 460 mètres d'altitude, n'est pas cependant le plus élevé du département.

Les Vosges sont formées par le terrain appelé, de leur nom, grès Vosgien. Ce terrain appartient à la formation appelée par les géologues *penéenne*, et se compose de grains de *quartz hyalin* (cristal de roche) adhérant fortement ensemble, bien que le ciment d'oxyde de fer qui les unit soit peu abondant. Sa couleur est une nuance se rapprochant du rouge de brique, mais quelquefois violacée ou jaunâtre. Le grès des Vosges renferme aussi des galets arrondis qui sont formés de quartz de nature variable.

Au N. de la région des Vosges s'étend une IIe RÉGION bien plus vaste, bornée à l'O. et au N. par les collines de la rive gauche de la Moselle, par la Meurthe, de Saint-Nicolas à Lunéville, par l'arête qui sépare les bassins de la Vezouse et du Sanon, et enfin par une ligne idéale partant d'Héming et allant rejoindre, à Fénétrange, la rive gauche de la Sarre.

Cette région, qui renferme quelques communes de l'arrondissement de Nancy, coupe sur une largeur de 14 à 25 kilom. les deux arrondissements de Lunéville et de Sarrebourg, dont la plus grande partie en dépendent. Les cours d'eau y sont nombreux et quelquefois rapides; les vallées fort larges et peu profondes, ordinairement fertiles et parsemées de riches prairies, mais souvent marécageuses. Les collines n'atteignent guère plus de 50 à 70 mètres d'élévation; sur leurs sommets s'élèvent des forêts, bien moins importantes que celles des Vosges et dont la principale est celle de *Mondon* (1,021 hect.).

Dans la partie qui appartient à l'arrondissement de Sarrebourg, la fertilité du sol est moins grande, et les vallées sont plus profondes.

Cette région appartient géologiquement au calcaire nommé *conchylien* à cause des nombreuses coquilles qu'il renferme. Mais ce calcaire ne s'étend pas jusqu'au pied des Vosges ; il en est séparé par une zone de 1 à 4 kilom. de largeur, formée de *grès bigarré*. Le grès bigarré doit son nom à ses couleurs variées; il fournit les belles pierres de taille généralement employées à l'E. du département.

La IIIe RÉGION comprend quelques communes orientales de l'arrondissement de Nancy, le nord-est et le nord de l'arrondissement de Lunéville, la partie occidentale de celui de Sarrebourg, et l'arrondissement de Château-Salins jusqu'à 1 ou 2 kilom. à l'O du chef-lieu. Elle renferme d'innombrables cours d'eau arrosant des prairies fertiles; le sol est continuellement accidenté, mais les collines ne dépassent pas ordinairement 50 mètres de hauteur.

Le pays reste très-boisé (forêts de *Paroy*, 2,500 hect., du *Clos*, 1,950 hect.; des *Élieux*, 3.012 hect.), assez pittoresque, et l'on y rencontre de vastes et beaux étangs, presque des lacs, bordés de forêts et peuplés de tribus de sarcelles, de poules d'eau, de canards sauvages; tels sont l'étang de *Gondrexange*, traversé par le canal de la Marne au Rhin, celui de *Stock*, qui s'écoule dans la Sarre, et celui de *Lindre*, qui se déverse dans la Seille, tranquille et sinueuse rivière de 7 à 15 mètres de largeur, qui arrose la vallée la plus fertile du département, mais en même temps la moins salubre, grâce à des marécages qui sont heureusement en voie de desséchement.

C'est dans cette région que se trouvent les sources salées les plus riches de France, exploitées surtout à Varangéville, à Saint-Nicolas et à Dieuze. Une énorme masse de sel gemme s'étend sous le sol qui, par sa nature, appartient aux *marnes irisées*, sorte d'argile de diverses couleurs recouvrant des bancs calcaires formés en partie de magnésie.

Près de la limite du département des Vosges, la *côte d'Essey* (428 m.), qui ne se rattache à aucun des terrains qui l'environnent, est un ancien volcan basaltique.

Les marnes irisées appartiennent, ainsi que le calcaire coquillier et le grès bigarré, à la formation *triasique*.

A l'O. du trias, apparaissent les terrains calcaires appelés *jurassiques*, parce que la chaîne du Jura en fournit le type le plus frappant. Ils se subdivisent en deux étages, dont chacun forme une région distincte.

Le *lias*, terrain composé de calcaire, d'argile et de quartz, forme l'étage inférieur jurassique et la IVe RÉGION physique du département. Cette région court du S. au N. et comprend presque tout l'arrondissement de Nancy et partie de celui de Château-Salins. Elle a pour limites au N. O. les collines qui dominent la rive gauche de la Moselle et est coupée de fertiles vallées, dont les plus profondes sont dominées par des collines hautes de plus de 100 mètres; les plus belles et les plus fertiles sont celles de la Seille, de la Meurthe, du Madon et de la Moselle. Cette dernière, après avoir traversé la région comprise entre Nancy et Vézelise et l'avoir quittée pour s'enfoncer dans l'arrondissement de Toul, y rentre à Liverdun; et la rivière, au-delà du confluent de la Meurthe, large de 150 mètres, « roule des eaux claires et limpides sur un lit de sable et de cailloux roulés, provenant de roches granitiques des Vosges. » Dans cette partie de son cours, la Moselle est bordée de collines de 150 à 230 mètres d'élévation, qui n'appartiennent point au lias, même sur la rive droite, mais à la formation oolithique, à laquelle se rattachent aussi quelques sommets, dans les cantons de Delme, au N., de Vezelise, au S., et entre Amance et Nancy.

Les collines oolitiques les plus élevées parmi celles qui sont assises sur le lias, sont : sur la rive droite de la Moselle, depuis le confluent de la Meurthe : le mont-*Saint-Jean* (407 mètres), la *montagne de Sainte-Geneviève* (390 m. d'altitude, 205 m. de hauteur), la *colline de Mousson*, (386 m. d'altitude, 205 m. de hauteur), les hauteurs qui dominent la Moselle, à sa sortie du département (401 m. d'altitude, 227 m. de hauteur);

Entre Amance et Nancy, sur la rive droite de la Meurthe : le *Grand-Mont*, près Amance (410 m.), la *montagne* qui sépare Leyr de Bouxières-aux-Chênes (406 m.), le *bois de Faulx* (405 m.);

Dans le canton de Delme : la *côte de Delme* (405 m.) et celle *de Tincry* (387 m.);

Dans le canton de Vezelise : la *côte de Pulney* (490-524 m.), le *mont Curel* (453 m.) et la *côte de Vaudémont* (490-545 m.). C'est sur cette dernière colline que se trouvent les villages les plus élevés du département : Saxon-Sion (490-495 m.) et Vaudémont (530 m. environ).

La Ve RÉGION comprend l'arrondissement de Toul; elle est formée géologiquement des terrains appelés *oolithiques* (ᾠόν, œuf, λίθος, pierre), parce que leur texture granuleuse les fait ressembler à des œufs de poisson pétrifiés. L'oolithe, qui n'est que le second étage du calcaire jurassique (*V.* p. 14) se subdivise elle-même en trois étages. L'étage inférieur, composé de roches fort dures et découpé en collines escarpées, se voit à peu près seul dans le département.

L'oolithe forme les sommets les plus élevés après ceux des Vosges; mais ces sommets se trouvent isolés dans le lias, et nous les avons nommés en parlant de cette région. Les collines qui font partie de la masse principale de l'oolithe atteignent aussi une grande hauteur : au sud de l'arrondissement, vers Beuvezin (470-491 m.), dans la *forêt de Saint-Amond* (430-460 m.), dans le *bois de Saulxures-lès-Vannes* (404 m.) et dans la *Forêt au-dessus de Meine* (434 m.), près (455 m.), près de Barisey-la-Côte (415 m.), dans le *bois de* de Thélod *Crépey* (425 m.) et près de Goviller (*Mont-d'Anon*, 439 m.). Entre la Meurthe et la Moselle s'étend, sur un plateau de 350-400 mètres, l'immense *forêt de Haye* (6,614 hectares).

Au nord de la Moselle, les collines ne dépassent plus 350 à 380 mètres (*Mont Saint-Michel*, près de Toul, 385 m.); les plateaux qui les surmontent sont plus inclinés et les pentes un peu moins roides. Mais elle offre des sites pittoresques, tantôt gracieux, tantôt grandioses, et réunissant quelquefois ces deux caractères. Liverdun, en particulier, est un village dont la nature s'est plu à embellir les alentours : rocs escarpés, larges vallées, prairies, bosquets, rivières, rien n'y manque.

La région de l'oolithe est pénétrée, au nord-est, entre

Boucq, le Mont-Saint-Michel, Gondreville, Domêvre et Saint-Baussant, par une partie de la *plaine de Woèvre.* Cette plaine, peu pittoresque et marécageuse, renferme des étangs, ombragés la plupart par les arbres de la forêt de la Reine, qui se prolonge dans le département de la Meuse.

3° Hydrographie.

1° RIVIÈRES.

La presque totalité du département de la Meurthe appartient au bassin de la Moselle. Bien que la Meuse passe très-près de la limite occidentale (2 kilom. en certains endroits), son bassin n'enveloppe que la partie S.-O. du canton de Colombey; à l'E., un territoire équivalent en superficie au canton de Phalsbourg déverse ses eaux dans le Rhin.

Le département est donc très-inégalement partagé entre trois bassins; mais on remarquera que la Moselle est elle-même un affluent du Rhin et ne forme qu'un bassin secondaire rattaché au bassin principal de ce fleuve; on peut en dire presque autant de la Meuse, dont les embouchures s'enchevêtrent avec celles du Rhin.

Les principaux cours d'eau qui forment ces trois bassins sont, en commençant par le plus occidental, celui de la Meuse:

Bassin de la Meuse. — Son principal affluent est l'*Aroffe* ou *ruisseau de Vannes* (canton de Colombey).

Bassin de la Moselle. — Ses principales rivières sont : la MOSELLE, le MADON, la MEURTHE, la MORTAGNE, la VEZOUSE, le SANON, la SEILLE, la NIED et la SARRE.

La **Moselle**, qui prend sa source au-dessus de Bussang (Vosges) a fourni un cours de 90 kilom. avant d'entrer dans le département, par 265 mètres. Elle le parcourt pendant 120 kilom., et, depuis sa sortie du département jusqu'à son confluent avec le Rhin, à Coblentz (Prusse Rhénane), elle a 295 kilomètres de développement. Sa longueur totale est donc de 505 kilom. et elle appartient au département de la Meurthe pour les $\frac{237}{1000}$ environ de son cours.

Elle est flottable jusqu'à la *Gueule-d'Enfer*, près de Frouard (confluent de la Meurthe), où elle devient navigable.

La Moselle, à son entrée dans le département, a 266 mètres d'altitude; elle sépare le canton de *Bayon* (1) de celui d'Haroué, arrose les cantons de Saint-Nicolas, de Nancy (est et ouest), de Toul (sud et nord), de Domèvre, de Nancy (nord), de *Pont-à-Mousson*, et sort du département à 174 mètres d'altitude.

Elle se dirige d'abord vers le nord jusqu'à Velle, vers le nord-ouest de Velle à Toul ; vers le nord-est de Toul au confluent de la Meurthe, et enfin, de nouveau vers le nord.

Dans le département, les principaux affluents de la Moselle sont : (à Saint-Mard; rive droite) l'*Euron*, long de 18 kilom., et qui arrose le canton de *Bayon* ; — (à Pont-Saint-Vincent; rive gauche) le *Madon* (*V.* ci-après); — (près Chaudeney; rive gauche) la *Bouvade*, longue de 18 kilom. et qui arrose le canton de Toul (sud); — (à Toul; rive gauche) l'*Ingressin*, long de 11 kilom. et qui passe entre les deux cantons de Toul sans leur servir exactement de limite; — (à Villey-Saint-Etienne; rive gauche) le *Terrouin*, long de 25 kilom., et qui arrose les cantons de Toul (nord), et de Domèvre; — (à Frouard; rive droite) la *Meurthe* (*V.* ci-dessous); — (à Bezaumont; rive droite) le *Natagne*, long de 11 kilom. et qui arrose les cantons de Nomény et de Pont-à-Mousson; — (à Pont-à-Mousson; rive gauche) l'*Esse*, ou *Ache*, longue de 34 kilom. et qui passe dans les cantons de Domèvre et de *Pont-à-Mousson;* — (à Arnaville; rive gauche) le *Rupt-de-Mad*, long de 30 kilom. et qui traverse le canton de Thiaucourt.

Après sa sortie du département, la Moselle reçoit la *Seille*, la *Nied* et la *Sarre* (*V.* ci-dessous).

Le **Madon**, long de 90 kilom., prend sa source dans le département des Vosges, au N. des hauteurs d'où descend la Saône au S.; il entre dans le département de la Meurthe à 252 mètres d'altitude, y fournit un cours de 37 kilom.

(1) Quand un nom de canton est écrit en italique, il indique que le chef-lieu est arrosé par la rivière qui fait le sujet de l'article.

en traversant les cantons d'*Haroué* et de Vézelise, et se jette dans la Moselle à Pont-saint-Vincent. Le Madon reçoit (à Autrey ; rive gauche) le *Brenon,* long. de 24 kilom. et qui passe à *Vezelise.*

La **Meurthe** se forme près d'Arnould, arrondissement de Saint-Dié (Vosges), de deux torrents dont l'un naît au pied du petit Valtin, et l'autre au pied du grand Valtin. Elle entre dans le département de la Meurthe à 280 mètres d'altitude et y baigne les cantons de *Baccarat,* de *Lunéville* (sud-est), de Gerbéviller, de Bayon, de *Saint-Nicolas* et de *Nancy.* Après avoir fourni un cours de 161 kilom., dont 76 dans le département de la Meurthe, elle se jette dans la Moselle au-dessous du pont de Frouard, à 200 mètres d'altitude. Sa largeur moyenne est de 80 mètres. Sa direction générale est du S.-E. au N.-O.

La Meurthe est flottable en trains de Sainte-Marguerite, au confluent de la Fave (Vosges), jusqu'à Nancy (112 kilom.) et navigable de Nancy à Frouard (14 kilom.); mais la navigation est très-difficile en été à cause des hauts-fonds où l'on trouve à peine de 25 à 30 centimètres d'eau; elle a presque cessé depuis l'ouverture du chemin de fer de Nancy à Metz. Le flottage, en revanche, est très-considérable.

Ses principaux affluents sont : à l'entrée du département, à Raon-l'Étape (Vosges; rive droite), la *Plaine,* longue de 24 kilomètres, et qui sert de limite aux départements de la Meurthe et des Vosges. Cette rivière est flottable;

Dans le département : — (à Lunéville; rive droite) la Vezouse, rivière flottable, longue de 50 kilomètres et qui arrose les cantons de Lorquin, de *Blamont* et de *Lunéville.* Elle reçoit sur sa rive gauche la *Blette* (23 kilom.) et la *Verdurette* (20 kilom.), qui arrosent les cantons de Baccarat et de Blamont; — (à Mont; rive gauche) la Mortagne, rivière flottable, longue de 70 kilom., qui vient de Vanémont (Vosges), arrose le canton de *Gerbéviller* et fournit dans le département un parcours de 20 kilom.; — (à Dombasle; rive droite) le Sanon, rivière flottable, longue de 46 kilom., qui prend sa source près d'Avricourt et arrose les cantons de Réchicourt, de Vic, de Lunéville et de Saint-Nicolas; — (à Saint-Nicolas, rive droite) la *Rouenne* (13 kilom.); — (à Lay-Saint-Christophe; rive droite) l'*Amezule*, longue de 20 kilom., et qui traverse le canton de Nancy (est).

La Seille sort de l'étang de Lindre, passe près de Dieuze, dont elle arrose le canton, baigne Marsal, Moyenvic et Vic dans le canton de Vic, passe dans le canton de Château-Salins qu'elle sépare ensuite de celui de Nomeny, entre dans le canton de *Nomeny* après l'avoir séparé de celui de Delme, et sort du département par le canton de Pont-à-Mousson, à 180 mètres d'altitude.

Le cours de la Seille dans le département est de 60 kilom.; son cours total, qui est fort sinueux, est de 130 kilom.; elle va se jeter dans la Moselle à Metz.

Elle ne reçoit dans le département qu'une rivière de quelque importance, c'est (à Salonne; rive droite) la *Petite-Seille*, (24 kilom.), qui traverse le canton de Château-Salins.

La Nied Française, qui prend sa source près de Château-Bréhain, arrose le canton de Delme, sort du département après y avoir fourni un cours de 21 kilom., reçoit la Nied Allemande après un cours de 55 kilom. et va se jeter dans la Sarre à Sierberg (Prusse Rhénane), après un cours total de 98 kilom.

La **Sarre** prend naissance, sous le nom de *Sarre-Blanche*, dans la forêt de Saint-Quirin, au pied du Donon, arrose les cantons de Lorquin, de *Sarrebourg* et de *Fénétrange*, sort du département à une altitude de 224 mètres, après y avoir fourni un cours de 62 kilom., et après avoir arrosé quelque temps le département du Bas-Rhin, puis traversé celui de la Moselle, elle va se jeter dans la Moselle près de Trèves (Prusse-Rhénane). Son cours total est de 220 kilom.

La Sarre reçoit : (à Hermelange; rive droite) la *Sarre-Rouge* ou *Rouge-Eau*, longue de 16 kilom., qui vient des forêts de Dabo et de Saint-Quirin et arrose le canton de Lorquin; — (entre Hoff et Sarraltroff; rive droite) la Bièvre, longue de 23 kilom., qui vient du canton de Phalsbourg; — (à 500 mètres au-delà de la limite, au-dessous de Niederstinzel; rive droite) l'*Isch*, long de 22 kilom., qui vient du département du Bas-Rhin, reçoit dans le département de la Meurthe (à gauche) la *Briche* (16 kilom.) et y fournit un cours de 3 kilom. ; — (au-dessous de Saar-Union (Bas-Rhin); rive gauche) le *Naubach*, long de 19 kilom., dont 11 compris dans le département de la Meurthe, et qui arrose le canton de Fénétrange, (à Sarralbe (Moselle); rive gauche) l'*Albe*, qui sort du département après un cours de 20 kilom. (cours total 26 kilom.) dans le canton d'Albestroff et le long de la limite, va recevoir (à droite) la *Rode* qui est sortie elle-même du département après un cours de 23 kilom. (cours total 26 kilom.) dans le canton d'Albestroff et sur la limite.

Bassin du Rhin. — Il comprend une superficie égale à celle du canton de Phalsbourg, et ne reçoit qu'un sous-affluent important : la Zorn.

La Zorn naît près du Grossmann, à 600 mètres d'altitude, arrose une vallée profonde, grandiose et pittoresque, sort du département après y avoir parcouru, dans le canton de Phalsbourg, 24 kilom., et va se perdre dans la Moder (Bas-Rhin) après un cours total de 95 kilom.

Son principal affluent dans le département est (sur la rive gauche) la *Zintzel*, longue de 32 kilom. (7 kilom. dans le département), qui arrose le canton de Phalsbourg et se réunit à la Zorn à Steinbourg (Bas-Rhin).

2° CANAUX.

Le département est traversé par le **canal de la Marne au Rhin**, qui, prenant son origine près de Vitry-le-François, débouche dans la rivière d'Ill, au-dessous de Strasbourg, en face du canal de l'Ill au Rhin. L'exécution de cette voie navigable, dont la première idée remonte à 1827, fut autorisée par la loi du 3 juillet 1838. L'ensemble des crédits alloués s'élève à 75 millions. La longueur totale du canal est de 315,055 mètres. Le tirant d'eau normal est de 1 m. 50. La navigation à vapeur a été introduite depuis quelques années sur ce canal.

Sur le parcours du canal se trouvent trois ouvrages d'art remarquable : le souterrain et le pont-canal de Liverdun, et le souterrain de Hommarting.

Le **souterrain de Liverdun** est percé à plus de 50 mètres au-dessous du village de ce nom. On y arrive des deux côtés par des tranchées d'une profondeur considérable, dont les talus présentent jusqu'à 40 mètres d'escarpement. Il a 500 mètres de longueur entre les deux têtes; celle d'aval offre un caractère monumental. Ce tunnel traverse des bancs calcaires ferrugineux, très-durs, disloqués et fissurés en tous sens, ce qui a rendu l'excavation difficile et dangereuse.

Au sortir du souterrain, le canal entre dans une tranchée courbe, profonde, garnie de revêtements épais, rejoint la Moselle, à une distance de 400 mètres, et traverse cette rivière sur un **pont-canal** construit à 10 mètres au-dessus des plus hautes eaux. Ce pont, large de 10 m. 30 et long de 136 mètres, y compris les culées, a 12 arches en plein cintre. La dimension de la cuvette du pont est, à la hauteur des banquettes, de 6 m. 50. La profondeur est de 2 m. 10.

Le *souterrain de Hommarting* ou d'*Arschwiller*, situé entre ces deux villages, près de la limite orientale du département, est croisé par le tunnel du chemin de fer, qui a une longueur de 2678 mètres.

Le parcours du canal dans le département est de 144 kilom.

3° ÉTANGS.

Au nord-est du département, se trouve une vaste région remplie d'étangs et située tout entière dans la région géologique des marnes irisées (*V. Géologie*, page 13). Elle comprend principalement les cantons d'Albestroff, de Dieuze, de Vic (en partie), de Réchicourt, de Sarrebourg et de Fénétrange.

L'*étang de Lindre*, entre les cantons de Dieuze et de Réchicourt, a une superficie de 671 hect. : sa longueur est de 5 à 6 kilom. Il donne naissance à la Seille. Les étangs de Gondrexange (canton de Réchicourt) et de Stock (canton de Sarrebourg) sont presque aussi importants que celui de

Lindre. Nous citerons encore : le *Gross Mühl Weiher*, près de Mittersheim; le *Rother Weiher*, entre Vibersviller et Insviller; le *Mühl Weiher*, près d'Insviller, le *Lang Weiher*, près Fénétrange, l'étang de Réchicourt, etc.

Dans la partie occidentale de l'arrondissement de Toul, dans la région où se trouve la forêt de la Reine, on rencontre encore quelques étangs, moins importants.

4° Climat.

Le climat de la Meurthe est très-variable, non-seulement selon les localités, mais encore selon les divers moments du jour. Les départements voisins, celui des Vosges surtout, exercent une grande influence sur ce climat variable et sur cette température inconstante. Les montagnes des Vosges arrêtent les vents du midi ou ne les laissent pénétrer que chargés d'humidité et dépourvus de leur chaleur.

« Des vents irréguliers, dit M. Simonin père (article inséré dans l'ouvrage de M. Lepage, intitulé : *Le département de la Meurthe*), sont les seuls qui soufflent dans notre département. Un résumé de 13 années d'observations, depuis 1820 jusqu'en 1833, fait connaître leurs noms et leur fréquence. Annuellement, l'ouest et le sud-ouest soufflent 66 fois l'un et l'autre, le nord-est 65, le sud 52, le nord 24, l'est et le nord-ouest 22, le sud-ouest 8, le nord-nord-est 7, le sud-sud-ouest et l'ouest-nord-ouest 4, l'est-nord-est et le nord-nord-ouest 2, le sud-sud-est et l'ouest-sud-ouest 1, l'est-sud-est ne se fait pas même sentir une fois tous les ans. Le sud ne souffle que pendant quelques heures, mais il est presque toujours suivi d'orages pendant l'été ; il détermine les dégels a la fin de l'hiver. Le sud-ouest amène ordinairement la pluie. Le nord-ouest ou vent des Ardennes est accompagné de frimas et de neiges pendant l'hiver ; il paralyse la végétation au printemps. Le nord-est produit le plus grand froid en hiver et la sécheresse dans les autres saisons. L'est est un vent très-variable; il incline toujours au nord-est, comme le nord au nord-ouest. C'est presque toujours lorsque le nord-est et surtout le sud et le sud-ouest se déchaînent, que surviennent les tempêtes, les ouragans et les tourbillons. On les observe fréquemment vers la fin de l'automne et de l'hiver ; on les voit cependant survenir pendant les autres saisons de l'année. Ces ouragans durent quelques heures, quelquefois plusieurs jours, et acquièrent une force capable de renverser les tuyaux de cheminée, d'enlever des couvertures de maisons, de briser et de déraciner les arbres les plus gros.....

« 37 années d'observation, de 1783 à 1820, font connaître que le ciel est pur presque 94 fois par an, nuageux 133 et nébuleux 138. Les jours de brouillard sont, année moyenne, de 34. C'est donc avec vérité que les historiens et les poètes donnent au ciel de la Lorraine l'épithète de *brumeux*.

« Année moyenne, il tombe de la pluie ou de la neige pendant 114 jours. La quantité de pluie équivaut à 568 millimètres. Les pluies abondantes et continues tombent ordinairement à la fin de l'automne et de l'hiver et déterminent souvent, à cette époque, des inondations désastreuses. »

La température moyenne de Nancy, calculée pour 38 années, est de 9° 5, c'est-à-dire 1° 1 de moins que celle de Paris; pendant les mêmes 38 ans, le maximum a été de + 37° 6 et le minimum de — 26° 3.

La chaleur la plus vive se fait sentir du 15 juillet au 15 août. Le mois de septembre est le plus agréable, les mois de janvier et de février les plus rigoureux. « A Nancy, la séve commence à circuler sensiblement dès le mois de mars. C'est dans les premiers jours d'avril que l'on commence à sentir le baume de la fleur des arbres fruitiers; la fenaison s'effectue du 1er au 15 juin; la moisson du 1er au 15 août, et la vendange du 15 septembre aux premiers jours d'octobre. Dans les arrondissements de Nancy et de Lunéville, excepté la partie du sud-est de ce dernier, la nature est généralement plus précoce de huit à quinze jours que dans ceux de Château-Salins et de Sarrebourg; celui de Toul tient le milieu entre les autres. Cette marche des saisons a été assez régulière jusqu'en 1816. Notablement dérangée depuis cette année, elle a fini par reprendre sa régularité. »

Malgré les variations subites de la température, bien des

babitants atteignent et dépassent l'âge de 80 ans. Dans les pays allemands, on trouve une race plus forte; celle qui est adonnée à la culture de la vigne est moins développée. La taille moyenne des individus dans le département est de 1 m. 66. Cependant les brusques changements de l'atmosphère occasionnent des maladies et surtout des maladies de la peau. Dans le bassin de la Seille règnent des fièvres intermittentes; plusieurs individus de Rosières et des environs sont atteints de crétinisme. Les rhumatismes sont si communs dans tout le département qu'il est rare « qu'un individu parvenu à l'âge de 40 ans n'en ait pas ressenti quelques atteintes.

Les bestiaux, surtout les chevaux et les bêtes à cornes, ont beaucoup à souffrir de l'inconstance du climat. Le *charbon* ou *anthrax* est, parmi ces animaux, la maladie la plus commune et la plus meurtrière.

5° Productions naturelles. Mines.

Productions minérales. — 1° *Matériaux de construction.* — La zone de grès bizarré qui sépare la région des Vosges de celle du calcaire conchylien fournit, comme nous l'avons dit (*V. Géologie*), les belles *pierres de taille* employées dans l'est du département. Les principales *carrières* se trouvent dans les cantons de Lorquin (Niederhoff, Nitting, Métairies-de-Saint-Quirin, Saint-Quirin), de Phalsbourg (Vilsberg, Lutzelbourg, Arschwiller, Guntzwiller, Saint-Louis), de Sarrebourg et de Baccarat. Ce grès fournit aussi des meules à aiguiser. Le calcaire conchylien et les marnes irisées ne donnent guère de la pierre à bâtir; on trouve cependant à Gerbéviller une pierre assez dure, et à Lidrezing, canton de Dieuze, du marbre et une carrière de grès. Dans le canton de Delme, les carrières de Tincry, de Juville, de Bacourt et de Lesse appartiennent à la formation oolithique.

Dans la région oolithique proprement dite, les carrières donnent de bonne *pierre calcaire*, particulièrement dans les cantons de Pont-à-Mousson, de Thiaucourt, de Domèvre, de

Colombey (Crépey) et de Vézelise (Viterne et Vaudemont).

Toutes les régions fournissent du *moellon;* le *gypse*, ou *pierre à plâtre*, se rencontre particulièrement à Gripport, Bainville-aux-Miroirs, Rosières-aux-Salines, Lunéville, Anthelupt, Maixe, Bauzemont, Romécourt, etc. On n'en trouve pas dans l'arrondissement de Toul. La *pierre à chaux* et l'*argile* à faire la *brique* ou la *faïence* se trouvent en beaucoup d'endroits. La chaux de Haraucourt est très-estimée.

De Ferrières, canton de Saint-Nicolas, on tire de la *pierre lithographique* de qualité médiocre.

2° *Sels.* — Les bassins de la Seille et du Sanon paraissent reposer sur un vaste banc de *sel gemme*, d'où sortent de nombreuses sources salées, exploitées notamment à Vic, Château-Salins et à Dieuze. Des salines sont aussi exploitées sur les rives de la Meurthe, à Varangéville, à Saint-Nicolas, à Art-sur-Meurthe et à Sommerviller. Les importantes salines de Rosières ne sont plus exploitées qu'en partie.

3° *Tourbes.* — On trouve des *tourbières* abondantes sur les rives de la Seille, à Champigneules, sur la Meurthe, et à Sexey-aux-Forges, sur la Moselle. Mais la mauvaise odeur que répand la tourbe pendant la combustion empêche de s'en servir.

4° *Minerai de fer; sources ferrugineuses.* — Tous les plateaux oolithiques de la vallée de la Meurthe et de la Moselle renferment des gisements considérables de minerais de fer qui ont donné lieu, dans ces dernières années, à de nombreuses exploitations dont les principales sont : Marbache, Vandœuvre, Maron, Laxou, Pompey, Liverdun, Villers, Houdemont, Ludres, Messein, Pont-Saint-Vincent, Sexey-aux-Forges, Custines, Bouxières-aux-Dames, Lay-Saint-Christophe. Malzéville. Dans quelques années, la riche vallée de la Moselle, entre le département de la Moselle, Toul et Nancy, sera couverte de fonderies et de hauts-fourneaux. Des *sources ferrugineuses* se rencontrent dans l'arrondissement de Nancy, particulièrement à Chaligny, Viterne, Nancy, Heillecourt, Mousson, Norroy, Eulmont, Agincourt, Faulx et Sivry. Nous citerons aussi les sources ferrugineuses d'*Écrouves*, près de

Toul, de *Nonhigny*, canton de Blamont, celles de *Burlioncourt*, canton de Château-Salins, au nombre de deux, et enfin celle de *Vannecourt*, même canton.

Productions végétales. — 1° *Truffes*. — Des *truffes*, inférieures en couleur et en parfum à celles du Périgord, sont exploitées notamment à Haraucourt, à Sivry, à Favières, et dans la plus grande partie du canton de Colombey.

2° *Arbres*. — Les principaux *arbres fruitiers* sont le *poirier*, le *pommier*, le *noyer*, le *cerisier*, le *prunier* surtout, avec la plupart de ses variétés.

Nous avons dit (*V. Relief du sol, Géologie*) que le département de la Meurthe était couvert d'une immense quantité de *forêts*. Elles forment presque le tiers de la surface totale. Les arbres qui y dominent sont le *chêne*, l'*orme*, le *bouleau* et le *hêtre*. On y remarque aussi des *trembles*, des *tilleuls*, des *saules*, des *frênes*, des *ormes*, des *pins* et des *sapins*. Presque tous ces bois sont très-employés dans les constructions.

3° *Céréales*. — Le département produit plus de *céréales* que ne l'exige sa consommation, et il en exporte une assez grande quantité dans les départements voisins. Les parties les plus fertiles sont les cantons de Vézelise et d'Haroué, et en général les rives de la Moselle, de la Meurthe et de la Seille. Les espèces cultivées sont le *blé*, le *seigle*, l'*orge*, l'*avoine* et diverses variétés de *millet*. Les terrains consacrés à cette culture forment le tiers de la superficie totale du département.

4° *Foins*. — Les nombreuses prairies, *naturelles* ou *artificielles*, qui occupent presque un sixième du territoire, produisent du foin en abondance, de la luzerne, du colza, du trèfle, du sainfoin. Les prairies les plus fertiles sont celles des bords de la Seille, de la Sarre et de la Meurthe.

5° *Légumes*. — Le légume le plus cultivé est la pomme de terre, qui est abondante surtout dans les cantons de Château-Salins et de Baccarat. Les haricots, fèves, pois, lentilles, laitues, topinambours, betteraves, carottes, navets, etc., sont aussi en honneur.

6° *Vignes*. — Le terrain oolithique est très-favorable à la production de la *vigne*. L'arrondissement de Toul est donc, sous ce rapport, le mieux partagé. Le vin qui s'y récolte est bon, se conserve bien, et s'exporte dans la Meuse et dans l'Alsace. Les vins les plus renommés de cet arrondissement sont les *vins rouges* de Bouillonville, d'Arnaville, de Thiaucourt (dans le canton de Thiaucourt, chaque commune a son canton de vignes), les *vins* de Bruley (canton Nord de Toul). Tous les cantons de l'arrondissement de Nancy cultivent aussi la vigne. Le canton de Pont-à-Mousson fournit de bons crus (Norroy, Pagny); dans celui de Nomény, on distingue le vin de Moivron. Dans le canton de Nancy (Nord) la vigne forme la principale culture. Elle est répandue aussi dans les cantons de Vézelise et de Saint-Nicolas, mais, dans ce dernier, de qualité médiocre, bonne seulement à Rosières-aux-Salines. Dans les autres arrondissements, le vin est mauvais ou médiocre, si nous exceptons les cantons de Bayon et de Gerbéviller, dont les chefs-lieux, auxquels il faut ajouter Saint-Boing et Domptail, produisent de bons crus. Les vins blancs de Salival, canton de Château-Salins et les vins rouges de Vic, sont aussi estimés. Les cantons d'Albestroff, de Dieuze, de Blamont et de Baccarat ne cultivent presque pas la vigne, de même que tout l'arrondissement de Sarrebourg.

7° *Houblon*. — La culture de cette plante a pris beaucoup d'extension, depuis quarante ans, dans l'arrondissement de Lunéville, d'où elle s'est ensuite propagée dans les arrondissements de Nancy, de Château-Salins et de Toul. Lunéville possède même un marché au houblon, et les planteurs des environs expédient une partie de leurs produits en Allemagne, en Angleterre et jusqu'en Amérique.

8° *Tabac*. — La plantation du *tabac* est permise dans les arrondissements de Nancy et de Château-Salins, et dans quelques cantons de ceux de Lunéville et de Toul. L'importance de cette culture et la quantité de produits qu'elle fournit, se trouvent suffisamment démontrées par l'établissement tout récent, à Nancy d'une manufacture de tabacs.

9° *Plantes oléagineuses et textiles*. — Le *colza* et *la navette* se cultivent en grand sur certains points du département;

viennent ensuite la *cameline* et *l'œillette*, puis le *chanvre* et *le lin* qui n'occupent que des surfaces relativement restreintes.

PRODUCTIONS ANIMALES. — Les *chevaux* du département de la Meurthe, particulièrement destinés au trait, « sont, dit M. Hinzelin, d'une petite taille et d'une conformation peu agréable ; mais, en revanche, ils sont sobres et suffisamment robustes. Les meilleures espèces proviennent des races turques introduites en Lorraine par nos derniers ducs. La répartition annuelle du haras de Rosières et la distribution périodique des primes données par les sociétés d'agriculture, produiront sans doute d'heureux effets. » Les *bœufs* sont en petit nombre ; les *moutons* et les *chèvres* assez communs. Les *porcs* sont de bonne race ; les salaisons que l'on en tire jouissent d'une certaine renommée. Les *animaux sauvages* que l'on rencontre dans les forêts du département sont le chevreuil, le sanglier, le loup, le renard. Les lièvres, perdrix, cailles, grives, alouettes, sont les principales espèces de *gibier*. Enfin, les eaux de la Moselle nourrissent de bons *poissons*, tels que le brochet, la perche, le barbeau, la truite, la carpe et l'anguille.

II

LES HABITANTS

1° Histoire et biographie.

HISTOIRE.

Ire PÉRIODE. —Le département de la Meurthe, portion considérable de la Lorraine, était occupé, à l'époque gauloise, par deux tribus belges : les *Médiomatrici*, qui possédaient la rive droite de la Moselle, jusqu'au confluent de la Meurthe, les arrondissements actuels de Château-Salins et de Sarrebourg, et les *Leuci*, répandus dans les trois autres arrondissements. Pendant les luttes de la Gaule avec César, les *Leuci* s'allièrent aux Romains et leur fournirent des vivres dans la campagne contre Arioviste. Les *Médiomatrici*, plus fidèles à la cause nationale, envoyèrent 500 soldats au secours d'Alesia assiégée. Un troisième peuple, les *Triboci*, qui avait combattu dans les rangs d'Arioviste, vint, après la défaite de ce roi germain, chercher un asile sur les terres des *Médiomatrici*, à l'E. du département.

IIe PÉRIODE. — Sous l'empire romain, Toul, la capitale des *Leuci*, prit une plus grande importance, ainsi que les villes de Scarpone, de Tarquimpol (*Decem Pagi*), de Sarrebourg (*Pons Saravi*). Toul fut, dès le IVe siècle, la métropole d'un vaste diocèse ou évêché, fondé par saint Mansuetus (vulgairement Mansuy) ; pour l'administration civile, le pays dépendait de la première Belgique, dont Trèves était la capitale.

A l'époque de l'invasion des Barbares (IVe et Ve siècle), les hauteurs se couvrirent de camps fortifiés ; mais, malgré les victoires du consul rémois Jovin sur les Alamans près de Scarpone et d'Atton, les régions mosellanes et de la Meurthe devenues la proie des Barbares, firent partie du royaume franc. Un diacre de Toul, saint Waast, prépara Clovis au baptême. Dès 511, le pays fit partie du royaume d'Austrasie ou de Metz; cent ans après (612), Gondreville fut témoin d'une sanglante bataille où Thierry, petit-fils de Brunehaut et roi de Bourgogne, vainquit son frère le roi d'Austrasie.

IIIe PÉRIODE. — En 843, lorsque la Meuse fut donnée pour limite à la France, les régions de la Meurthe, où Charlemagne avait possédé des villas (Marsal, Moyenvic, Royaumeix, etc.), devinrent le partage de l'empereur *Lothaire*, puis de son fils *Lothaire II* (855-869), qui fut le premier roi de la Lorraine et lui donna son nom (*Lotharii regnum, Lotharingia;* on écrivait autrefois *Loheregne*). Ce royaume comprenait la plus grande partie de l'Austrasie.

Lothaire, aidé de Charles le Chauve, défendit ses États contre les agressions de Louis le Germanique. Après sa mort, ses deux oncles se partagèrent ses États, qui demeurèrent encore divisés entre Louis le Bègue et le fils de Louis le Germanique, *Louis de Saxe*. Dans ce partage, la Meurthe appartint à la France. Après la mort (882) de Louis de Saxe, qui fut pendant deux ans seul maître du pays, l'empereur Charles le Gros, *Arnoul*, fils de Carloman, roi de Bavière, et *Zwentibold*, furent successivement rois de Lorraine jusqu'en 900. *Louis l'Enfant*, second fils d'Arnoul (900-901), n'eut qu'une souveraineté nominale; Charles le Simple, élu roi par les seigneurs lorrains, créa duc bénéficiaire ou viager de Lorraine *Renier au Long-Col*, un de ses officiers. La Lorraine perdit alors son titre de royaume et ne porta plus désormais que le titre de duché.

Gislebert, fils et successeur de Renier, eut à défendre le pays contre les invasions d'Henri l'Oiseleur, empereur d'Allemagne, à qui Charles le Simple, prisonnier du comte de Vermandois, avait cédé ses droits dans l'espérance d'être secouru.

Ces luttes amenèrent l'occupation du duché par Otton le Grand, qui en resta le maître et en donna successivement le gouvernement à son frère *Henri*, à un autre *Henri*, fils de

Gislebert, à *Conrad de Franconie*, et enfin (953) à *Brunon*, archevêque de Cologne. Ce dernier divisa le duché en deux parties; la partie méridionale, appelée Haute-Lorraine ou Lorraine mosellane, comprenait le département actuel de la Meurthe. Elle eut des ducs bénéficiaires particuliers jusqu'en 1048 : *Frédéric Ier*, qui fut un prince sage et prudent; *Thierry*, qui fut fait prisonnier par Lothaire, roi de France, et ne recouvra la liberté qu'à la mort de celui-ci (986), *Frédéric II; Gothelon*, qui fut en même temps duc de la Basse-Lorraine; *Adalbert*.

IVe PÉRIODE. — En 1048, l'empereur Henri III donna la Haute-Lorraine à *Gérard d'Alsace*, qui transmit paisiblement à son fils *Thierry le Vaillant* une autorité souveraine sur le pays. Alors se forma le duché indépendant de Lorraine, qui ne devait être réuni à la France qu'en 1766, et qui fut gouverné par les descendants de Gérard jusqu'en 1431. Cette première branche ducale est dite de *Lorraine-Alsace*.

Mais, pendant le gouvernement des ducs bénéficiaires, et à la faveur des guerres occasionnées par les agressions des rois de France ou des empereurs, des principautés indépendantes s'étaient formées dans la Lorraine. Le duché de Bar en avait été détaché; Metz, Toul, Verdun, les trois cités romaines, qui eussent pu fournir une brillante capitale, appartenaient à leurs évêques; Vaudemont et Dabo, avec les villages voisins, formaient des comtés particuliers. Les vassaux mêmes des ducs entravaient souvent leur autorité, par l'étendue des droits féodaux dont ils jouissaient.

Simon Ier, fils de Thierry, défit à Mackeren l'archevêque de Trèves, l'évêque de Metz et le comte de Bar, ligués contre lui; mais, assiégé dans Nancy, qui n'était alors qu'un château il ne dut sa délivrance qu'aux secours envoyés par son beau-frère l'empereur Lothaire II.

Mathieu Ier établit sa résidence et la capitale de son duché (1153) à Nancy, qui n'était qu'un village et qui ne devait acquérir toute son importance que vers la fin du XVIe siècle. Ce prince se distingua par sa piété et sa charité envers les pauvres. Il mourut en 1176.

Simon II purgea ses États des bandes armées connues sous le nom de *Cottereaux*, qui les infestaient, et les préserva, par une victoire, d'une invasion des Messins. Il prit l'habit monastique en 1205. Son frère, *Ferry Ier*, lui succéda, puis son neveu, *Ferry II*, qui ne put empêcher le comte de Bar de prendre et de ruiner le château de Prény. (*V. Antiquités.*)

Thibault Ier, le Bel, combattit à Bouvines (1214) dans les rangs d'Otton IV, et il fut assiégé quelque temps après dans Amance par Frédéric II, qui le fit prisonnier. *Mathieu II* et *Ferry III* eurent encore à lutter contre les seigneurs voisins. Ferry III, dont le règne fut de 52 ans (1251-1303) suivit l'exemple déjà donné au XIIe siècle par les évêques de Metz, de Toul et de Verdun : il favorisa l'affranchissement des communes et encourut pour cela la haine des seigneurs, qui le jetèrent dans la tour de Maxéville. Il y resta longtemps prisonnier, et fut délivré par quelques chevaliers fidèles.

Thibault II eut encore à combattre ses vassaux et les princes ses voisins. *Ferry IV* aida dans leurs guerres les rois de France Charles IV et Philippe VI ; il fut tué à la victoire de Cassel (1328). *Raoul le Vaillant*, après avoir combattu les Maures en Espagne et les partisans de Montfort en Bretagne, périt dans la désastreuse journée de Crécy (1346). Son humeur guerrière passa à son fils, *Jean Ier*, qui alla vaincre les Lithuaniens infidèles sur les bords de la Vistule, purgea, à son retour, ses états des *grandes compagnies*, et soutint en Bretagne le comte de Penthièvre.

Charles (IIe du nom, par une erreur que le temps a consacrée, puisque Charles Ier, fils de Louis d'Outre-mer, ne fut souverain que de la Basse-Lorraine) guerroya contre les Mahométans de Tunis, ensuite contre les Lithuaniens. Il défit près de Champigneules (1407) et de Pont-à-Mousson une formidable coalition organisée contre lui par le duc d'Orléans, frère de Charles VI, pour le punir d'avoir embrassé le parti de Robert de Bavière, prétendant à la couronne impériale.

A la mort de Charles II (1431), qui ne laissa qu'une fille, son gendre, *René d'Anjou*, prince du sang royal de France et déjà comte de Bar, fonda la seconde dynastie ducale, qui ne devait durer que 42 ans. Pour faire cesser les prétentions d'Antoine de Vaudémont, neveu de Charles II, qui l'avait vaincu et fait prisonnier à Bulgnéville (1431), il donna sa fille aînée à Ferry, fils d'Antoine, et alla ensuite soutenir vainement ses droits sur le royaume de Naples. Après avoir remporté une victoire sur les Messins, il se retira en Anjou, ayant laissé le duché à son fils, *Jean II*.

Nicolas d'Anjou, petit-fils de René, étant mort sans postérité (1473), la couronne ducale appartint à René II, fils de Ferry de Vaudemont. La branche de Lorraine-Vaudemont devait gouverner le pays jusqu'en 1737 (264 ans).

René II eut la gloire d'arrêter sous les murs de Nancy l'ambition de Charles le Téméraire, qui voulait se former un vaste royaume entre la France et l'Allemagne, et qui, pour y réussir, convoitait la Lorraine. Nancy fut prise une fois par les Bourguignons; mais, après les victoires des Suisses, le courage des Lorrains se releva, et Nancy se vit de nouveau assiégée. Le Téméraire, repoussé dans une sortie, périt obscurément (5 janvier 1477), et son cadavre fut trouvé quelques jours après dans l'étang Saint-Jean, où s'élève aujourd'hui un monument commémoratif appelé *croix de Bourgogne*.

René justement aimé de son peuple se plut à embellir Nancy ; son fils, *Antoine*, pieux et compatissant, fut aussi un valeureux guerrier; il défit en deux rencontres les *Rustauds*, paysans anabaptistes qui s'étaient jetés sur la Lorraine.

François Ier ne fit que passer, mais son fils *Charles III* gouverna le duché pendant 63 ans (1545-1608). Il s'appliqua à maintenir la paix dans ses États, et fit fleurir les arts. Il embellit sa capitale, la fortifia, et créa la ville neuve; il fonda l'université de Pont-à-Mousson, qui devint en peu de temps célèbre, et il embrassa le parti de la Ligue. *Henri le Bon* suivit la belle conduite de son père; mais son neveu *Charles IV*, esprit remuant, compromit l'indépendance de la Lorraine par ses intrigues contre Richelieu. Les Trois-Évêchés, Toul, Metz et Verdun, appartenaient déjà à la France depuis 1545 ; Nancy fut à son tour occupée par les troupes françaises en 1633 et demeura en leur pouvoir jusqu'à la paix de Riswick (1697). Charles IV ne recouvra ses états qu'en 1662; il n'eut à régner que sur un pays appauvri et ravagé : les troupes suédoises du duc de Saxe-Weymar l'avaient envahi en 1635, avaient ruiné une foule de villages, et réduit le peuple à la plus profonde misère. Saint Vincent de Paul secourut les malheureux habitants de la Lorraine et leur procura 2 millions en argent. Plusieurs villages détruits ne purent se relever de leurs décombres et il n'en reste plus aujourd'hui que l'emplacement. La cité opulente de Saint-Nicolas perdit pour jamais ses importants marchés, qui pouvaient être comparés à ceux de Beaucaire. Charles IV fut une seconde fois dépouillé de ses États pour avoir mis son épée au service de l'Espagne : devenu suspect aux Espagnols eux-mêmes, il se vit retenu pendant cinq ans prisonnier au château de Tolède. « A la nouvelle de la captivité de son époux, la duchesse Nicole, oubliant ses malheurs, se fit reconnaître régente de Lorraine, traita avec Mazarin, et fit tous ses efforts pour obtenir la liberté de Charles. La paix des Pyrénées (1659) rendit enfin libre le duc de Lorraine, qui, après avoir conclu avec Louis XIV des traités inexécutables et toujours inexécutés, se brouilla encore avec le roi, et dut, après avoir erré quelque temps dans les Vosges, où les Français le poursuivaient comme une bête fauve, sortir de ses états pour n'y plus rentrer. » Il mourut en 1675.

Pendant les guerres d'Allemagne, Turenne et ses successeurs préservèrent la Lorraine de l'invasion étrangère; toutefois, les soldats français, pillant les campagnes, furent presque aussi funestes à cette contrée qu'une armée ennemie.

Charles V ne fut souverain que de nom; mais ses exploits contre les Turcs à la tête de l'armée impériale lui acquirent une glorieuse célébrité. Il contribua, avec l'illustre Sobieski, roi de Pologne, à faire lever le siége de Vienne (1683). Il prit ensuite les armes contre Louis XIV, qui retenait son duché ; mais il mourut en Autriche, en 1690. Le roi de France dit en apprenant sa mort : « Je viens de perdre le plus grand, le plus sage et le plus généreux de mes ennemis. »

La paix de Riswick (1697) rendit enfin à *Léopold Ier* la

couronne perdue par son aïeul; Léopold (1690-1729), qui mit tous ses soins à réparer les maux des guerres précédentes, fut aimé de son peuple. Son fils, *François III*, ne résida pas en Lorraine; en 1736, le traité de Vienne lui donna le duché de Toscane et la main de Marie-Thérèse, unique héritière de l'empire, à la condition qu'il cèderait la Lorraine à Stanislas, roi détrôné de Pologne. Celui-ci devait être souverain viager, et la province devait appartenir à la France après sa mort.

Stanislas, dont le nom rappelle tant d'œuvres pieuses et de traits de bienfaisance, après avoir perdu deux fois le trône de Pologne, vint occuper le trône de Lorraine, à l'âge de 60 ans (1737). Sa fille partagea, avec Louis XV, le trône de France. La bonté de Stanislas, son goût pour les arts et ses utiles créations ne purent faire oublier que son règne préparait la réunion du pays à la France. Il mourut à Lunéville, le 23 février 1766, des suites d'un accident : le feu, qui avait pris à sa robe de chambre, lui fit des brûlures mortelles.

Ve PÉRIODE. — La Lorraine, incorporée à la France à la mort de Stanislas, forma un gouvernement particulier qui garda ses coutumes jusqu'à la Révolution. Dès ce moment, elle cesse d'avoir une histoire particulière.

VIe PÉRIODE. — LA MEURTHE DÉPARTEMENTALE. — En 1790, fut créé le département actuel, formé, non-seulement d'une portion notable de la Lorraine et du duché de Bar, mais encore du comté de Dabo, d'une partie des évêchés de Toul et de Metz et de quelques communes de celui de Verdun.

Le 9 février 1801, le premier consul dicta à l'Empereur d'Autriche, à Lunéville, une paix qui assurait à la France les conquêtes faites en Italie et sur les bords du Rhin. C'est le dernier événement important accompli dans la Meurthe.

BIOGRAPHIE

Le territoire du département de la Meurthe a vu naître, outre la plupart des souverains de la Lorraine, des hommes illustres par leurs dignités ou par leurs talents. Nous citerons les plus connus, en suivant l'ordre chronologique.

Ve siècle : saint LOUP, évêque de Troyes. — Son frère, saint VIN-

CENT DE LÉRINS, Père de l'Eglise. Tous deux sont nés à Toul.

VIIe siècle : saint ARNULPHE, né à Lay-saint-Christophe, tige de la dynastie carlovingienne, mort évêque de Metz en 641.

XIe siècle : BRUNON, évêque de Toul, de la famille des comtes de Dabo; pape de 1049 à 1054, sous le nom de *Léon IX.* Il est honoré comme saint.

XVe siècle : MARGUERITE D'ANJOU, fille de René Ier, reine d'Angleterre, l'héroïne de la guerre des Deux-Roses (1429-1482).

XVIe siècle : CLAUDE DE LORRAINE, tige des ducs de Guise, né à Condé (auj. Custines), mort en 1550. — PHILIPPE-EMMANUEL, duc de Mercœur, gouverneur de la Bretagne, illustre surtout par ses victoires sur les Turcs; mort en 1602.

XVIIe siècle : FRANÇOIS DE BASSOMPIERRE, né à Haroué, maréchal de France, longtemps prisonnier à la Bastille, auteur de *Mémoires;* mort en 1646. — JEAN NOCRET, CLAUDE MESLIN dit LE LORRAIN, peintres, nés à Nancy. — Le Père MAIMBOURG, prédicateur et historien. — JACQUES CALLOT, graveur célèbre, né à Bainville-sur-Madon (1593-1635). — HAPPIER HANZELET, mathématicien et graveur distingué, né à Haraucourt, mort en 1647.

XVIIIe siècle : FLORIMOND, comte de Mercy, feld-maréchal d'Autriche, vainqueur des Turcs, mort en 1734. — CHARLES-ALEXANDRE DE LORRAINE, appelé le *Prince Charles,* fils du duc Léopold, maréchal de l'empire et général illustre, ne à Lunéville en 1712, mort en 1780. — REGNIER, duc de Massa, né à Blâmont, grand-juge sous Napoléon Ier (1746-1814). — GEORGES MOUTON, comte Lobau, de Phalsbourg, maréchal de France (1770-1838). — DERIGNY, de Toul, vice-amiral vainqueur des Turcs à Navarin, ministre (1783-1835). — ROHRBACHER, de Langatte, auteur d'une savante *histoire universelle de l'Église catholique,* en 29 volumes (1789-1856). — JEAN-NICOLAS STOFFLET, un des plus braves généraux vendéens, né à Bathélémont-lès-Buazemont (1750-1796). — SAINT-LAMBERT, poète né à Nancy (1716-1803). — JEAN GIRARDET, peintre. — FERDINAND DE SAINT-URBAIN, de Nancy, graveur en médailles. — JEAN LAMOUR, serrurier. — HÉRÉ architecte.

XVIIIe-XIXe siècles : FRANÇOIS DE NEUFCHATEAU, né à Saffais, membre du Directoire (1750-1828). — HOFFMANN, de Nancy, poète et critique distingué (1760-1828). — GRÉGOIRE, curé d'Emberménil, puis évêque constitutionnel de Blois; l'un des présidents de la Convention; né à Vého en 1750, mort en 1831.— Le BARON LOUIS, ministre des finances sous la Restauration, mort en 1837. — Le COMTE DE GIRARDIN, président de l'Assemblée législative, mort en 1827. — MATHIEU DE DOMBASLE, agronome célèbre. — DE SERRE, ministre de la justice sous Louis XVIII, mort en 1824. — GOUVION SAINT-CYR, maréchal sous Napoléon Ier, ministre de la guerre sous la Restauration; mort en 1830. — DUROC, duc de Frioul, grand maréchal du palais sous Napoléon Ier. — Le général MOUTON, comte de Lobau. — DROUOT, né à Nancy, maréchal sous l'Empire, appelé justement par Napoléon : *le*

Sage de la Grande Armée (1774-1847). — Isabey, de Nancy, peintre, (1767-1855). — Messier, astronome, né à Badonviller, mort en 1817.

XIXe siècle : Grandville, dessinateur, né à Nancy en 1803, mort en 1846.

2° Population, langues, cultes.

Population. — Elle s'élève à 428,387 habitants, et, sous ce rapport, le département de Meurthe occupe le 32e rang parmi les départements français : le nombre d'habitants par hectare est en moyenne de 0,703 ; cette moyenne est un peu au-dessus de la moyenne générale de la France, qui n'atteint pas 0,700.

Caractère et mœurs des habitants. — « L'habitant du département de la Meurthe est sobre, ami de l'ordre, et réussit dans les arts et les sciences; sa bravoure et sa discipline se sont montrées sur tous les champs de bataille; actif, entreprenant, il y a de la ténacité dans ses résolutions, et, sous ce rapport, on peut dire qu'il participe déjà du caractère germanique. Une grande partie de la classe ouvrière des centres de population fait malheureusement exception : livrée à la paresse et à la débauche, elle consomme en un jour ce qu'elle a gagné pendant la semaine, sans souci de l'avenir. » (Simonin père.)

« Le Lorrain, dit M. Hinzelin (*Géographie de la Meurthe*), est d'une société facile et sûre, sinon toujours expansive : la loyauté et la franchise qu'il montre dans ses relations sont de nature à faire douter de la justesse de ce proverbe qu'on s'est plu à appliquer au caractère de nos ancêtres : *Lorrain, traître à Dieu et à son prochain.* »

Langue. — La langue française a toujours été la plus usitée dans l'ancien duché de Lorraine; les ducs et les évêques de Toul l'employaient dans leurs actes, et son influence est très-visible dans les noms propres de localités. Dans le comté de Dabo et la partie de l'évêché de Metz réunie à la Meurthe, la langue allemande était généralement parlée, et encore aujourd'hui elle y est d'un usage dominant.

Autrefois, la langue allemande était seule parlée dans tous les lieux dont le nom a la forme allemande, et même dans quelques-uns de ceux qui portent un nom français. Ainsi, en 1593, à Dieuze, la langue usuelle, la seule autorisée dans les actes publics, était encore l'allemand. Malgré un arrêt de la justice de cette ville, de 1603, des actes rédigés en allemand y étaient encore produits en 1632.

Depuis deux siècles, l'usage de la langue allemande se restreint de plus en plus. On compte à peine aujourd'hui 50 communes des cantons de Phalsbourg, de Sarrebourg, de Fénetrange et d'Albestroff qui se servent de l'allemand dans les relations journalières. Tous les jours, grâce au zèle des autorités académiques et des instituteurs, des progrès notables sont réalisés dans la propagation de la langue française dans ces contrées, et bientôt elle sera seule usitée dans tout le département.

Cultes. — La religion catholique est de beaucoup la plus répandue dans le département. Le culte réformé n'embrasse que le 1/62 de la population ; la plupart des protestants suivent la confession d'Augsbourg. Les israélites, presque aussi nombreux que les protestants, ont des synagogues à Nancy, à Lunéville, à Sarrebourg, à Toul, à Pont-à-Mousson, à Lixheim, à Blamont et à Phalsbourg.

3° Divisions administratives.

Le département de la Meurthe forme le diocèse de Nancy et Toul (suffragant de Besançon) ; — la 3e subdivision de la 5e division militaire (Metz) du 3e corps d'armée (Nancy). — Il ressortit : de la cour impériale de Nancy, — de l'Académie de Nancy, — de la 22e légion de gendarmerie (Nancy), — de la 4e inspection des ponts-et-chaussées, — de la 4e conservation des forêts (Nancy), — de l'arrond. minéralogique de Troyes (division du Nord-Est), — de la 3e région agricole (Nord-Est). — Il comprend : 5 arrondissements (Nancy, Château-Salins, Lunéville, Sarrebourg et Toul), 29 cantons, 71 perceptions, 714 communes et 428,387 habitants.

Chef-lieu du département : NANCY.

Chefs-lieux d'arrondissement : **Nancy, Château-Salins, Lunéville, Sarrebourg, Toul.**

L'**arrondissement de Nancy** comprend 8 cantons, 187 communes et 151,382 habitants :

Canton de *Nancy-Est :* 3 sections de la commune de Nancy; 21 communes; 31,055 habitants.

Canton de *Nancy-Nord :* 2 sections de la commune de Nancy 9 communes; 20,945 habitants.

Canton de *Nancy-Ouest :* 3 sections de la commune de Nancy; 11 communes; 25,574 habitants.

Canton d'*Haroué :* 30 communes; 11,578 habitants.

Canton de *Saint-Nicolas :* 25 communes; 17, 131 habitants.

Canton de *Nomeny :* 30 communes; 12,109 habitants.

Canton de *Pont-à-Mousson :* 27 communes; 20,622 habitants.

Canton de *Vézelise :* 33 communes; 12,368 habitants.

L'**arrondissement de Château-Salins** comprend 5 cantons, 147 communes et 60,626 habitants :

Canton de *Château-Salins :* 38 communes; 13,771 habitants.

Canton d'*Albestroff :* 26 communes; 11,048 habitants.

Canton de *Delme :* 36 communes; 11,669 habitants.

Canton de *Dieuze :* 23 communes; 10,661 habitants.

Canton de *Vic :* 24 communes; 13,477 habitants.

L'**arrondissement de Lunéville** comprend 6 cantons; 145 communes; 84,393 habitants :

Canton de *Lunéville-Nord :* section nord de Lunéville; 19 communes; 15,155 habitants.

Canton de *Lunéville-Sud-est :* section sud de Lunéville; 18 communes; 16,218 habitants.

Canton de *Baccarat :* 30 communes; 20,364 habitants.

Canton de *Bayon :* 27 communes; 10,235 habitants.

Canton de *Blamont :* 31 communes; 12,590 habitants.

Canton de *Gerbéviller :* 21 communes; 9,831 habitants.

L'**arrondissement de Sarrebourg** comprend 5 cantons, 116 communes et 71,019 habitants.

Canton de *Sarrebourg :* 25 communes; 17,160 habitants.

Canton de *Fénétrange :* 21 communes; 11,787 habitants.

Canton de *Lorquin :* 26 communes; 16,331 habitants.

Canton de *Phalsbourg :* 26 communes; 17,600 habitants.

Canton de *Réchicourt :* 18 communes; 8,141 habitants.

L'**arrondissement de Toul** comprend 5 cantons, 119 communes et 60,967 habitants.

Canton de *Toul-Nord :* section nord de Toul, 18 communes; 13,660 habitants.

Canton de *Toul-Sud :* section sud de Toul, 19 communes ; 14,578 habitants.

Canton de *Colombey :* 32 communes; 13,527 habitants.

Canton de *Domèvre :* 27 communes; 10,249 habitants.

Canton de *Thiaucourt :* 23 communes; 8,953 habitants.

4° Statistique.

A. — TERRITOIRE.

Superficie totale (d'après le cadastre), 609,004 hect. (terres labourables, 301,368; vignes, 67,091; prés, 15,540; bois, 111,832; landes, 9,287).

Superficie des propriétés non bâties (d'après la nouvelle évaluation des revenus territoriaux), 524,245 hect.

Revenu des propriétés non bâties,

	fr.
d'après le cadastre	9,187,145
d'après la nouvelle évaluation	24,160,257

Revenu des propriétés bâties,

d'après le cadastre	2,422,494
d'après la nouvelle évaluation	8,279,806

Nombre des propriétaires en 1851 (sans distinction des propriétés bâties ou non bâties), 113,991.

Valeur vénale moyenne des diverses propriétés,

	fr.
Bâties	2,914
Non bâties (par hectare)	1,631

Dette hypothécaire en 1850. . . . . 124,406,469 fr.

Cotes foncières par quotité en 1858 :

Au-dessous de 5	124,362
— 5 à 10	28,003
— 10 à 20	22,648
— 20 à 30	9,945
— 30 à 50	8,703
— 50 à 100	6,201
— 100 à 300	3,450
— 300 à 500	522
— 500 à 1000	286
Au-dessus de 1000	100
Total	204,220

Total des cotes foncières en 1865. . . . . 211,103 fr.

B. — VOIES DE COMMUNICATION.

Le département de la Meurthe est parcouru par 5 chemins de fer :

La *ligne de Paris à Strasbourg* traverse le département de l'ouest à l'est, sur une longueur de 141 kilom. et y dessert les stations suivantes : Foug, Toul, Fontenoy-sur-Moselle, Liverdun, Frouard, Champigneules, Nancy, Varangéville, Rosières, Blainville-la-Grande, Lunéville, Marainvillers, Emberménil, Avricourt, Réchicourt-le-Château, Héming, Sarrebourg et Lutzelbourg. De ce tronçon principal se détachent :

A Frouard, la *ligne de Metz, Forbach et Sarreguemines*, qui parcourt le département sur une longueur de 35 kilom. et y dessert les stations de Marbache, Dieulouard, Pont-à-Mousson et Pagny-sur-Moselle ;

A Blainville, la *ligne d'Epinal et Vesoul*, qui parcourt le département sur une longueur de 22 kilom. et y dessert les stations d'Einvaux et Bayon.

A Lunéville, la *ligne de Saint-Dié*, qui parcourt le département sur une longueur de 42 kilom. et y dessert les stations de Saint-Clément, le Mesnil-Flin, Azerailles, Baccarat et Bertrichamps.

A Avricourt, la *ligne de Dieuze*, longue de 23 kilom., et qui dessert les stations de Moussey, Azoudange, Gélucourt et Dieuze.

Voici le tableau des voies de communication du département de la Meurthe :

Les voies de communication comptent 6543 kilom., savoir :

			kil.	
5 chemins de fer (1867)			251	
8 routes impériales (1866)			423	5
19 routes départementales (1866)			458	
2,910 chemins vicinaux (1866)	37 de grande communication	664 kil.	5,226	5
	65 de moyenne communication	656 5		
	2,808 de petite communication	3,906		
2 rivières navigables			42	
1 canal			144	
Total			6,545	»

Quatre chemins de fer vicinaux sont actuellement (1868) en projet : ils doivent relier Nancy à Vézelise et à Château-Salins, Avricourt à Cirey, Sarrebourg à Fénétrange.

C. — POPULATION (*dénombrement de 1866*).

Sexe masculin	208,024
Sexe féminin	220,363
Total	428,387

Population par culte (armée non comprise)

Catholiques	410,844
Protestants	7,287
Israélites	5,240
Autres cultes non chrétiens	31
Individus dont on n'a pu constater le culte	4
Total	423,406

D. — POPULATION (*mouvement de 1865*).

Naissances légitimes :		
Sexe masculin	5,047	9,752
Sexe féminin	4,705	
Naissances naturelles :		
Sexe masculin	533	989
Sexe féminin	456	
Total		10,741
Morts-nés :		
Sexe masculin		378
Sexe féminin		241
Total		619
Décès :		
Sexe masculin		4,963
Sexe féminin		4,795
Total		9,758
Mariages		2,444

E. — RÉSULTATS DU RECRUTEMENT EN 1866.

Inscrits	4,007
Contingent	1,228
	m mm
Taille moyenne	1 661
Exempts pour:	
Défaut de taille	110
Pour infirmités	537
Total	647

F. — AGRICULTURE.

Le sol du département de la Meurthe (*V. Géologie, Productions végétales*) est très-favorable à l'agriculture. Toutes les parties qui ne sont pas occupées par les forêts ou les bois sont propres à des cultures variées et productives.

L'arrondissement de Toul est celui où les bonnes méthodes sont le plus suivies et où les cultivateurs jouissent de plus d'aisance. Vient ensuite l'arrondissement de Nancy, où tous les genres de culture sont en honneur. L'arrondissement de Lunéville est aussi bien cultivé, mais non celui de Château-Salins. L'arrondissement de Sarrebourg offre peu de terrains propres aux diverses cultures.

« L'agriculture, disait M. Hinzelin en 1857 (*Géographie de la Meurthe*), a fait depuis les trente dernières années de rapides progrès. On doit les attribuer : 1° à l'amélioration des voies de communication ; 2° à l'emploi de la marne et de la chaux pour l'amendement des terres ; 3° à l'usage plus répandu d'instruments aratoires perfectionnés ; 4° à la pratique du drainage pour assainir les terrains marécageux ; 5° à la propagation des méthodes agricoles enseignées par d'illustres agronomes, et particulièrement par l'illustre Mathieu de Dombasle ; 6° aux encouragements donnés par le gouvernement ; 7° enfin aux conseils, aux lumières et aux primes émanés des comices agricoles, des chambres et de la Société centrale d'agriculture. »

Dans le canton Nord de Nancy existent trois grandes exploitations agricoles : Champ-le-Bœuf, Velaine, Villers.

Résultats de l'enquête de 1862. — Cultures.

	SUPERFICIES	PRODUCTION TOTALE	VALEUR TOTALE
	hect.	hectol.	fr.
Céréales	198,232	grains 3,793,182	46,463,220
		q. m.	
		paille 4,002,901	14,066,424
Farineux, cultures potagères, maraîchères et industrielles	40,439	q. m.	20,570,949
Prairies artificielles	26,029	975,191	4,829,549
Fourrages consommés en vert	1,608	418,774	954,758
Prairies naturelles	66,735	2,536,493	15,688,888
Pâturages	4,952	48,032	215,272
		hectol.	
Vignes	17,348	942,294	23,685,915
Bois et forêts	165,727	»	»
Jachères	44,640	»	»
Total	565,710		126,474,975

Animaux domestiques.

	EXISTENCES	REVENU BRUT (moins le croit)	VALEUR
		fr.	fr.
Races chevaline, asine et mulassière	75,142	33,639,387	22,554,407
Race bovine	110,624	30,322,766	21,266,509
— ovine	180,951	1,624,350	3,196,049
— porcine	99,025	1,000,410	3,510,785
— caprine	12,023	679,929	164,971
Animaux de basse-cour	635,603	œufs 772,158	828,245

Chiens de garde, de bouchers et bergers, et d'aveugles. . . . . . 8,088 / Chiens de chasse et de luxe 14,707	22,795	»	»
Ruches.	30,644	cire · 65,446 / miel 230,152	555,435
		68,334,598	52,076,401

G. — INDUSTRIE ET COMMERCE.

En 1866, 14 *mines de fer*, en activité dans le département, occupaient 710 ouvriers et produisaient 2,607,440 quintaux métriques de minerai oolithique d'une valeur totale de 903,712 francs, d'une valeur moyenne de 35 centimes, et qui étaient consommés dans les hauts-fourneaux de la Meurthe, de la Moselle, de la Meuse, de la Haute-Marne, du Nord, et par les usines des provinces rhénanes.

A la même époque, 8 *mines de sel* gemme exploitées et 1 source salée, d'une surface (concédée) de 98 hectares, occupaient 650 ouvriers et produisaient 885,348 quintaux métriques de sel, d'une valeur totale de 3,032,845 francs, et d'une valeur moyenne de 2 francs 24 centimes, plus 245,273 quintaux métriques de sel brut. — A la saline de Dieuze est annexée une fabrique de produits chimiques.

Les *fonderies* de fonte ont produit, au combustible végétal, en 1866, 30,358 quintaux métriques de fonte brute en deuxième fusion, au combustible minéral seul ou mélangé, elles ont produit 173,136 quintaux métriques de fonte brute en deuxième fusion et 106,340 quintaux métriques de fonte de moulage en première fusion.

Le département possède une foule de tuileries et de briqueteries, répandues dans les cinq arrondissements. On y compte, en outre, plusieurs fours à chaux et à plâtre, des poteries, des faïenceries, des verreries, dont la plus importante est celle de Vallerysthall, commune de Trois-Fontaines.

La manufacture de *glaces* de Cirey, très-importante, est une annexe de l'établissement de Saint-Gobain (Aisne). Elle occupe plus de 1,000 ouvriers et produit annuellement pour 2 millions de francs de glaces. La manufacture de Saint-Quirin, qui donnait du mouvement à tout le village de Lettembach, a été récemment supprimée.

Quelques *papeteries* et de nombreuses *scieries* (plus de 45) sont échelonnées le long des rapides cours d'eau qui descendent des hauts sommets des Vosges, et en particulier sur les deux Sarres et la haute Vezouse.

La **cristallerie de Baccarat** est le plus vaste établissement de ce genre qui existe en France. Elle fut fondée, vers 1766, par un évêque de Metz et achetée, en 1822, par une société qui l'a élevée à un haut degré de prospérité. Elle fabrique tous les genres de cristaux et exerce toutes les industries qui ont pour objet l'ornementation du cristal : taille, gravure, dorure, peinture, etc.

On estime que Baccarat entre pour près de moitié dans les 10 millions de francs d'affaires que fait la cristallerie française. La manufacture occupe environ 1,700 personnes : employés, artistes, ouvriers, chauffeurs, verriers, tailleurs, etc. Elle emploie à Sèvres, près Paris, un atelier de peinture artistique.

L'industrie des *broderies* sur mousseline, toile et percale, autrefois très-développée, était, pour le pays, une véritable source de richesse. Elle comptait dans Nancy plus de 300 fabricants, 40 dessinateurs et 25 blanchisseries. Cette industrie a été fortement atteinte, dans ces dernières années, par la guerre américaine, qui a considérablement réduit le chiffre des nombreuses exportations qu'elle faisait aux États-Unis.

Les *fleurs artificielles* constituent, à Nancy, un commerce dont Paris seul dépasse l'importance.

Parmi les autres établissements industriels du département, nous citerons : des filatures de laine et de coton; des fabriques de draps; un tissage de mitaines (Gerbéviller); des fabriques d'excellente toile ; un atelier de dentelles (Diarville) ; des fabriques d'instruments de musique et d'instruments aratoires; des brasseries; des fabriques de gélatine, de noir animal, de boutons d'os, de savon, de chandelle, etc.; 2 sucreries et raffineries de sucre (Pont-à-Mousson et Champigneules) ; une fabrique de porcelaine, etc.

Le COMMERCE consiste dans l'exportation des produits agricoles (vins, céréales, graines), (bois forestiers, de construction, planches) et industriels.

Statistique industrielle (d'après le dénombrement de 1866).

	Nombre des établissements.	Nombre des patrons.	Nombre des ouvriers.
1. Tissus	2,571	2,634	2,282
2. Mines	283	294	1,433
3. Métallurgie	8	10	471
4. Fabrication d'objets en métal	254	260	588
5. Cuir	96	98	170
6. Bois	1,098	1,112	379
7. Céramique	114	123	3,025
8. Produits chimiques	29	32	234
9. Bâtiment	6,035	6,118	3,567
10. Éclairage	65	66	96
11. Ameublement	182	183	636
12. Toilette	5,931	6,124	13,476
13. Alimentation	4,007	4,023	1,303
14. Moyens de transport	1,926	1,930	607
15. Sciences, lettres et arts	79	75	391
16. Industrie de luxe et plaisir	120	120	641
17. Guerre	»	»	»
18. Non classés	»	»	
	22,798	23,202	29,302

H. — INSTRUCTION PUBLIQUE.

1 lycée impérial. (Nombre d'élèves en 1865.)

Internes	345
Externes	247
Total	592

5 colléges communaux. (Nombre d'élèves en 1865.)

Internes	»
Externes	»
	»

1,229 écoles primaires en 1867 avec 60,165 élèves.

1,141 publiques.	744 de garçons ou communes aux deux sexes	33,883	élèves.
	397 de filles	20,815	—
88 libres.	23 de garçons ou mixtes	2,001	—
	65 de filles	3,466	—

110 salles d'asile avec 10,062 élèves :

publiques, 9,499 élèves.	Garçons	4,549
	Filles	4,950
14 libres, 563 élèves	Garçons	272
	Filles	291

Degré de l'instruction (d'après le recrutement de 1866):

Ne sachant ni lire ni écrire	80,146
Sachant lire seulement	35,147
Sachant lire et écrire	301,529
Dont on n'a pu vérifier l'éducation	6,584
Total de la population civile.	423,406

Degré de l'instruction (d'après le mouvement de la population de 1866):

Nombre de mariés qui ont signé leur nom sur l'acte de leur mariage	Hommes	3,134
	Femmes	3,066
Nombre de mariés qui ont signé d'une croix	Hommes	63
	Femmes	131

Degré de l'instruction (d'après les résultats du recrutement de 1866) :

Ne sachant ni lire ni écrire	35
Sachant lire seulement	3
Sachant lire et écrire	1,151
Dont on n'a pu vérifier l'instruction	39
Total	1,228

Degré de l'instruction des accusés de crimes en 1865.

Accusés ne sachant ni lire ni écrire	11
Accusés sachant lire ou écrire imparfaitement	19
Accusés sachant bien lire et bien écrire	27
Accusés ayant reçu une instruction supérieure à ce premier degré	4
Total	61

I. — ASSISTANCE PUBLIQUE.

Nombre d'indigents sur 1,000 habitants : 37,33

20 établissements hospitaliers en 1865 :

Hôpitaux et hospices ayant traité 4,181 malades	Hommes	2,436
	Femmes	1,745
Nombre de vieillards infirmes et incurables : 509	Hommes	236
	Femmes	273

486 enfants assistés :

Enfants trouvés, 42	Garçons	21
	Filles	21
— abandonnés, 218	Garçons	115
	Filles	103
— orphelins, 213	Garçons	115
	Filles	98
— secourus temporairement, 13	Garçons	6
	Filles	7

172 bureaux de bienfaisance :

Individus secourus à domicile, 15,991.

		fr.
Montant des secours	en argent	21,895
	en nature	99,288
	Total	121,183

J. — JUSTICE.

Justice criminelle en 1865 :

Accusés de crimes, 61	contre les personnes	28
	— les propriétés	33
Condamnés pour crimes, 52	contre les personnes	22
	— les propriétés	30
Prévenus de délits		2,206
Condamnés		2,106
Inculpés de contraventions		10,021
Condamnés		9,574

Justice civile en 1865 :

Affaires civiles portées devant les tribunaux	1,030
— commerciales	1,007
— portees en justice de paix	4,937

Prisons en 1865 :

Prisons départementales : nombre des détenus, 209.	Hommes	168
	Femmes	41
Établissements d'éducation correctionnelle : 161 détenus.	Hommes	127
	Femmes	34

III

ANTIQUITÉS. — MONUMENTS. — BEAUX-ARTS

I. — Notions archéologiques

PÉRIODE CELTIQUE OU GAULOISE.

Les peuples primitifs de l'Europe vivaient dans les grottes, et se servaient, pour les usages divers de la vie, d'instruments taillés dans la pierre et principalement dans le silex. Cette époque de l'enfance du genre humain est appelée par les archéologues modernes l'*âge de la pierre*. A cet âge succédèrent, selon ces mêmes savants, l'*âge du bronze*, caractérisé par l'emploi d'instruments de bronze, puis l'*âge du fer*.

Dans le sol de la France, surtout dans les cavernes on trouve de nombreux restes de l'âge de pierre, et surtout des haches en silex. Les instruments en fer et en bronze sont encore bien moins rares, car ces deux métaux n'ont jamais cessé d'être en usage dès que l'homme a su les façonner.

Fig. 1. — Menhir.

Les Gaulois bien que connaissant l'usage du fer et du bronze, ne paraissent pas avoir pratiqué l'art de la maçonnerie, c'est-à-dire ils n'ont ni taillé les pierres à bâtir, ni relié les pierres avec du mortier; les remparts de leurs villes n'étaient composés que d'assises en pierres sèches, interrompues par des troncs d'arbres. César, dans ses *Commentaires*, décrit ce mode de construction.

Avant la conquête romaine, les Gaulois n'avaient d'autres habitations que des cabanes en *torchis* (terre mêlée de paille) et en bois, souvent enduites de pisé; d'autres temples, que des emplacements entourés de pierres, sur les landes et dans les forêts. Pour monuments commémoratifs, ils avaient d'énormes blocs de pierre, plantés dans le sol (*menhirs*, fig. 1) ou assis horizontalement sur d'autres blocs (*dolmens*, fig. 2 ; *allées couvertes*, fig. 3), disposés en enceintes (*cromlechs*) ou isolés. Ces monuments, dus aux Gaulois, et qui se trouvent en grande quantité en Angleterre, en Asie et dans les États mauresques de l'Afrique, sont appelés *druidiques*. On nomme *tombelles* ou *tumuli* (au singulier un *tumulus*) des tertres artificiels coniques, déprimés ou allongés, qui servaient de sépulture, non-seulement chez les Gaulois, mais chez beaucoup d'anciens peuples. Un grand nombre d'allées couvertes et de dolmens, aujourd'hui à découvert, se trouvaient autrefois ensevelis sous ces tombelles et servaient de monuments funéraires.

Fig. 2. — Dolmen.

Fig. 3. — Allée couverte.

PÉRIODE ROMAINE (*du* Ier *au* Ve *siècle*).

Les colonnes à proportions uniformes, munies d'une base et d'un chapiteau, et réunies entre elles par des entablements, tel fut l'élément principal de leur architecture que les Romains empruntèrent aux Grecs et qu'ils introduisirent en Gaule. Ils y ajoutèrent l'arc et la voûte, qu'ils avaient inventés. Les proportions et les formes données aux colonnes, aux bases et aux entablements pouvaient subir cinq variations qui constituaient les *cinq ordres : toscan, dorique, ionique, corinthien, composite*. Ce dernier ordre, omis à dessein dans la *fig.* 4, car il n'est qu'un mélange des ordres ionique et corinthien, a toujours été peu employé, et il est, ainsi que l'ordre toscan, d'invention romaine. L'ordre corinthien était le plus usité en Gaule pendant la période romaine, à cause de sa richesse ; mais son chapiteau subit vers le IIIe siècle de notables altérations. L'architecture romaine, considérée dans les monuments élevés dans les Gaules, s'appelle aussi *gallo-romaine.*

Du Ier au Ve siècle, il nous reste aujourd'hui peu de monuments debout; ce sont surtout des débris de *théâtres*, d'*amphithéâtres*, de *temples* ronds ou rectangulaires, d'*arcs de triomphe*, de *villas*, de *bains*, de *fortifications* élevées aux IVe et Ve siècles, etc. Mais les *substructions* ou traces de murs ne dépassant pas le niveau du sol, sont très-communes. Les *camps* romains, formés de levées de terre, se rencontrent assez souvent.

Tous les monuments romains n'étaient pas décorés de colonnes; mais

Fig. 4.

Ordre toscan. Ordre dorique. Ordre ionique. Ordre corinthien.

à défaut d'ornements, leur maçonnerie, formée de petites pierres cubiques ou *petit appareil* et de chaînes de briques, les fait facilement reconnaître. Cependant les monuments les plus somptueux et ceux qui devaient être décorés de colonnes, étaient bâtis en grandes pierres (*grand appareil*). Les chaînes de briques indiquent la décadence romaine, et l'on a construit en petit appareil avec chaînes de briques jusqu'au XIe siècle.

PÉRIODE ROMANE (*du* VIe *au* XIIe *siècle*).

Sous les Francs, les Gallo-Romains ne surent pas conserver pures les aditions de l'art romain; ils ne possédaient pas, d'ailleurs, de moyens suffisants d'exécution. Ils détruisirent les proportions depuis longtemps consacrées, mais déjà presque abandonnées dans les derniers temps de l'empire. Supprimant même le piédestal et l'entablement, à l'exemple des constructeurs du Bas-Empire et même des gallo-romains du IVe siècle, ils mirent l'arc sur la colonne, dont la forme varia dès-lors à l'infini. Ils reproduisirent néanmoins, mais grossièrement, dans les détails, les monuments antiques qu'ils avaient sous les yeux. C'est en quelque sorte le premier âge (*du* VIe *au* XIe *siècle*) du genre ou *style* appelé *roman*, parce qu'il était une corruption de l'art romain. Les édifices antérieurs au XIe siècle, appelés aussi *mérovingiens* et *carlovingiens*, sont aujourd'hui très-rares. La plupart sont maçonnés, comme les monuments romains, en petit appareil avec chaînes de briques.

Fig. 5. — Chapiteau roman.

Fig. 7. — Fenêtre romane.

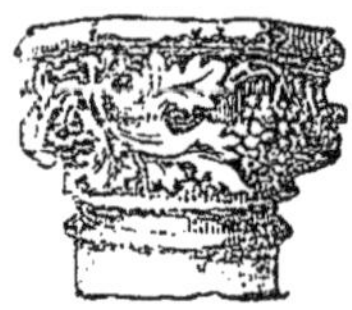

Fig. 6. — Chapiteau ogival.

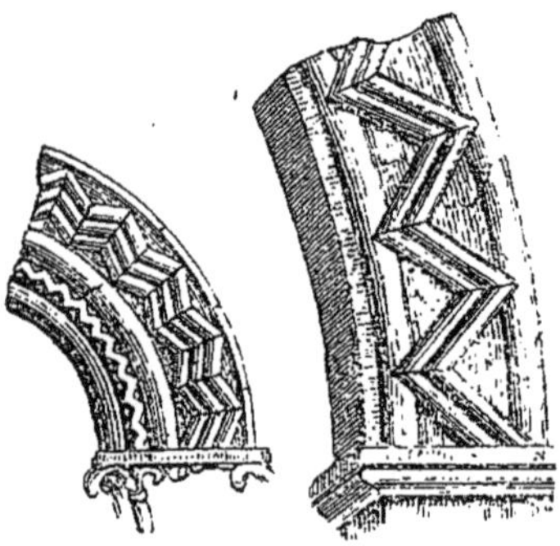

Fig. 8. — Arcs romans.

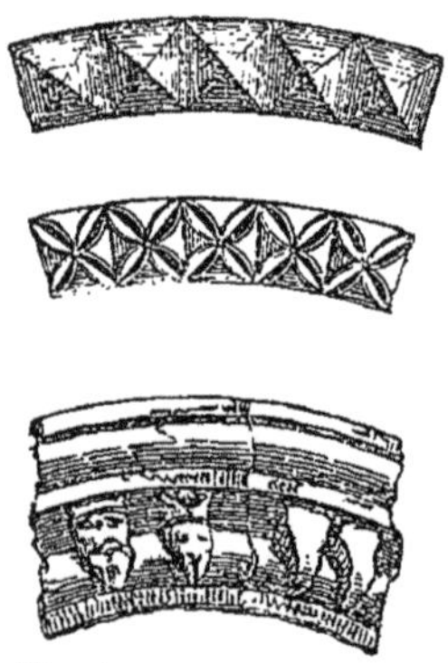

Fig. 9. — Arcs romans.

Le style roman, d'abord très-grossier, se perfectionna avec les éléments qu'il avait conservés de l'art romain, tout en s'éloignant des principes de l'antiquité. Dans l'Angoumois et dans les pays circonvoisins, il contracta un caractère particulier par l'adoption de la coupole et de divers ajustements d'importation byzantine. De là le nom de romano-byzantin, donné quelquefois au style roman de la seconde période.

Dès la fin du XIe siècle la sculpture d'ornement présente des formes élégantes et riches. Les colonnes se décorent de chapiteaux à enroulements, ou à personnages (fig. 5); les chapiteaux à personnages ou offrant des animaux, sont très-communs et appelés *chapiteaux historiés*); ils se multiplièrent autour des piliers et sur les jambages des portes et des fenêtres; les fenêtres se groupèrent souvent deux à deux (fig. 7); les arcs reçurent des ornements (fig. 8 et 9); les voûtes en berceau, employées simultanément avec les coupoles, furent remplacées vers la fin du XIIe siècle, par des voûtes à membrures croisées ou voûtes d'ogives.

L'emploi systématique de l'arc aigu, les voûtes d'ogive équilibrées par des arcs-boutants, une plus grande élégance de formes, une recherche plus soignée dans les détails, donnèrent à l'architecture une apparence toute nouvelle qui ne rappelait plus l'art antique. De là le style dit *ogival*, appelé aussi improprement style gothique.

PÉRIODE OGIVALE OU GOTHIQUE (*du* XIIIe *au* XVIe *siècle*).

Aux XIe et XIIe siècles, selon la manière dont chaque province de la France avait résolu le problème de la construction des voûtes, il s'était formé différentes régions architecturales, appelées aujourd'hui *école* Le style roman présentait donc de nombreuses variétés; il brilla surtout dans l'Auvergne, le Poitou, le Limousin, la Saintonge et l'Angoumois.

A la fin du XIIe siècle, dans le domaine royal, les ar-

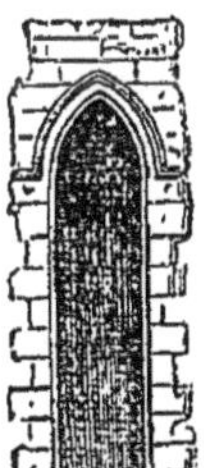

Fig. 10 — Fenêtre ogivale.

Fig. 11. — Pyramides ogivales.

Fig. 12. — Fenêtre ogivale.

chitectes firent faire des progrès merveilleusement rapides à l'architecture; c'est à eux surtout qu'est due l'architecture ogivale, qui dès le XIIIe siècle, était adoptée en France, en Allemagne et en Angleterre.

Quelques-unes de nos provinces du Midi et de l'Est n'employèrent toutefois le nouveau style qu'au XIVe siècle ; la Provence le connut à peine.

Le style ogival, même complétement affranchi des traditions romanes,

Fig. 13 — Fenêtre dans le style ogival secondaire.

Fig. 14 — Fenêtre dans le style ogival flamboyant.

subit de rapides transformations, mais en déclinant. Ces transformations sont le plus généralement comprises dans trois périodes principales :

1° *Style ogival primitif* ou *à lancettes* ou style du XIIIe *siècle*). — L'emploi exclusif de l'arc aigu, des voûtes d'ogives, des formes pyramidales pour les amortissements (fig. 11), des longues fenêtres appelées *lancettes*, isolées (fig. 10) ou groupées (fig. 12), des ornements imités des végétaux, la simplicité et la légèreté, caractérisent cette époque, la plus belle de tout le moyen âge. Les colonnes, devenues longues et minces, ne sont plus que des *colonnettes*, leurs chapiteaux ne portent plus de personnages ou de sujets allégoriques, mais seulement des feuilles frisées sans découpures appelées *crochets* ; au lieu d'avoir la forme carrée, la partie supérieure des chapiteaux ou *tailloir*, qui porte très-souvent les arcs, est octogonale ou ronde.

Fig. 16 — Rose du XVe siècle.

Les petites ouvertures prennent des formes diverses, toujours très-élégantes; les œils-de-bœuf sont remplis par des membrures festonnées.

2° *Style ogival secondaire* ou *rayonnant* ou style du XIVe *siècle*. — Le XIVe siècle se distingue surtout du XIIIe par une plus grande recherche, et par la largeur des fenêtres, que divisent de nombreuses et grêles colonnes ou *meneaux*; celles-ci vont soutenir, sous le cintre de la baie, un réseau formé de rosaces ou de dessins géométriques percés à jour (fig. 13). Ces formes géométriques, souvent disposées autour d'un centre commun, ont fait donner au style du XIVe siècle le nom de *rayonnant*. Les chapiteaux présentent souvent la forme indiquée dans la fig. 6: les crochets sont remplacés par des plantes grimpantes dont le dessin s'amaigrit de plus en plus jusqu'au XVIe siècle.

3° *Style ogival tertiaire* ou *flamboyant* ou style du XVe *siècle et en partie du* XVIe). — L'art tombe en décadence, par la maigreur des formes et la minutie des détails. La légèreté de certaines parties n'empêche pas les masses d'être lourdes et peu gracieuses; la profusion des ornements nuit à l'ensemble. Les voûtes, auparavant simples et majestueuses, se couvrent de nervures secondaires se croisant en tous sens; à la clef pend quelquefois une masse de pierre, délicatement sculptée, appelée *clé pendante*. Les colonnes perdent leurs chapiteaux; elles se confondent, grâce à leur maigreur, avec les simples moulures, profilées qu'elles sont en arêtes prismatiques; les moulures, précédemment arrondies et fortement accentuées, deviennent anguleuses; les meneaux des fenêtres se contournent en forme de flammes (fig. 14), d'où le nom de *flamboyant* donné au style ogival tertiaire. L'ogive ou le cintre perd la pureté de sa forme; dans les fenêtres souvent, et dans les portes presque toujours, l'arc se relève subitement dans sa partie supérieure, pour former une accolade. Cette accolade surmonte le plus souvent un arc en anse de panier (fig. 15), d'autres fois une ogive.

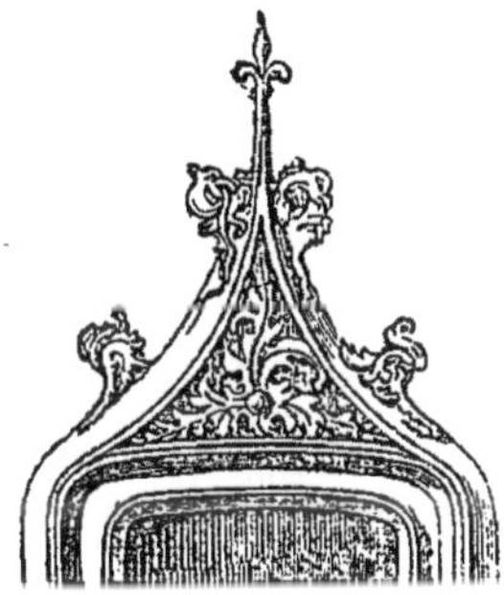

Fig. 15. — Porte du style ogival flamboyant.

Le style ogival des XVe et XVIe siècles a laissé beaucoup d'édifices et a restauré ceux que les guerres du XIVe siècle avaient ruinés ou mutilés. Il a persisté dans nos campagnes jusqu'au règne de Louis XIV, surtout en Bretagne, en Vendée, dans les Pyrénées.

Période de la Renaissance (XVIe *siècle*).

Les formes de l'architecture antique, remises tout à coup en honneur à la suite des guerres d'Italie, s'assouplissent d'abord aux caprices de l'art ogival et forment, mêlées avec lui le *style* gracieux *de la Re-*

naissance. Dès la fin du XVIe siècle, l'imitation des monuments romains, devenue exclusive, constitue, pour l'architecture, la PÉRIODE MODERNE.

ÉGLISES DURANT LE MOYEN AGE.

La plupart des églises du moyen âge avaient ordinairement la forme d'une croix ; le bras, ou corps de bâtiment transversal, se nomme *transsept*. Elles étaient divisées, à l'intérieur, par deux rangs de piliers, en *nef* et *bas-côtés*. Le chœur présentait une variété extrême de dispositions : tantôt il était arrondi, tantôt à pans coupés ; tantôt il formait la clôture du fond de l'édifice, tantôt il était entouré d'une galerie sur laquelle s'ouvraient des chapelles.

Les petites églises n'avaient souvent qu'une nef, terminée par un renfoncement appelé *abside*, ou par un mur droit. Mais les églises les plus vastes eurent quelquefois quatre bas-côtés, c'est-à-dire quatre rangs de piliers à la nef, et un double transsept.

Fig. 17. — Contreforts du XIIe siècle.

Presque toutes les églises ou chapelles isolées du moyen âge sont *orientées*, c'est-à-dire que le chœur est tourné vers l'orient, en inclinant un peu vers le sud. De cette manière, la façade principale est à l'ouest, et les côtés regardent le nord et le midi.

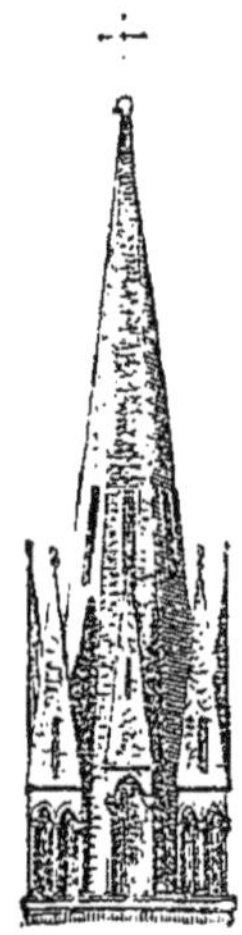

Fig. 18. — Clocher du XIIIe siècle.

Il y avait au moyen âge des églises *cathédrales* (la principale église d'un diocèse), des églises *collégiales*, desservies par un *collége* ou chapitre de chanoines, des églises *abbatiales* ou simplement *conventuelles*, appartenant à des ordres religieux, et des églises *paroissiales* comme aujourd'hui.

Les *portes* des églises étaient toujours en arcade, mais leur ouverture était souvent carrée ; le *tympan*, ou espace plein laissé entre l'ouverture et l'arcade, était rempli par des bas-reliefs représentant ordinairement le jugement dernier, le Christ au milieu des Évangélistes, ou le Patron de l'église. Dans les grands édifices, les jambages étaient décorés de grandes statues : si la porte était large, un *trumeau* ou pilier, orné lui-même d'une statue la divisait en deux parties. Les fenêtres, toujours en arcade sans tympan, étaient quelquefois remplacées, dès le XIIe siècle, par des ouvertures circulaires ou *roses* plus ou moins vastes. Dans les grandes églises, une grande rose à compartiments ornait le centre des façades : la rose de la figure 16, à compartiments flamboyants, est du

XVe siècle. Les murs, accablés par le poids des voûtes, étaient soutenus, à l'extérieur, par des *contreforts* (fig. 17, XIIe siècle; fig. 11, XIIIe siècle). Lorsque les contreforts ne pouvaient s'appuyer directement au mur qu'ils devaient soutenir, ils étaient reliés à ce mur par un grand arc en quart de cercle, appelé *arc-boutant*.

Les *clochers*, souvent au nombre de plus de trois sur une même église, étaient couronnés par de belles pyramides ou *flèches* en pierre (fig. 18, XIIIe siècle) ou en charpente, accompagnés de clochetons.

A l'intérieur, les églises étaient divisées en trois étages : les bas côtés; une galerie ou *triforium* sur ces bas côtés, donnant sur la nef principale; les grandes fenêtres et la voûte de la grande nef. L'autel occupait le milieu du chœur; dans les églises cathédrales, conventuelles et collégiales, une enceinte de stalles en bois fermait le chœur et s'étendait jusqu'à la nef. Les murs étaient couverts de peintures; les fenêtres furent fermées, dès le XIIe siècle, par des *vitraux* peints, aux couleurs les plus brillantes et les plus harmonieuses représentant, aux XIIIe et XIVe siècles, des sujets dans des médaillons sur un fond d'ornement.

Le XIIIe siècle, la plus belle époque de l'art au moyen âge, nous a laissé les plus belles cathédrales. Celles d'Amiens, de Chartres, de Reims, de Paris (commencée en 1163) et de Bourges sont connues du monde entier.

Édifices civils.

Il nous reste principalement du moyen âge : 1° Des *bâtiments monastiques*, dont les principaux étaient disposés autour d'un *cloître* ou galerie à arcades entourant une cour carrée; 2° des *hôtels-Dieu;* 3° des *hôtels de ville*, souvent fort vastes et dominés par une tour ou *beffroi*, contenant la cloche municipale; 4° des *évêchés;* 5° des *maisons*, ordinairement percées d'arcades au rez de chaussée. Les édifices civils étaient souvent dépourvus de voûtes; des planchers séparaient leurs divers étages, et les fenêtres prenaient souvent la forme carrée. Au XIVe siècle, les fenêtres carrées furent partagées en quatre parties par deux meneaux se coupant en forme de croix. Ces fenêtres, les seules que l'on puisse appeler des *croisées*, furent très-usitées dans les édifices civils et les châteaux, aux XVe et XVIe siècles.

Les *villes* bâties au XIIIe siècle (il y en a beaucoup en Guyenne et en Gascogne appelées *bastides* et fondées la plupart sous la domination anglaise) sont très-régulières, coupées par des rues perpendiculaires formant au centre une place carrée entourée d'arcades, sous lesquelles on circulait à couvert.

Architecture militaire.

Les CHATEAUX, au moyen âge, dès que la décadence des Carlovingiens eut rendu les seigneurs presque indépendants, furent tous des forteresses, la plupart, en bois, du IXe au XIe siècle, sauf quelques donjons en maçonnerie, puis complétement en pierre dès la fin du XIe siècle. Entourés de fossés, flanqués de tours, ils étaient dominés par une tour principale ou *donjon* (fig. 19 : *vue d'un château féodal*) souvent cylindrique dès le XIIe siècle. Les portes, flanquées de deux tours ou surmontées d'une haute tour carrée, étaient accessibles par des *ponts-levis* (tabliers de bois qu'on pouvait relever; fig. 20), et défendues à l'intérieur par des *herses* ou grilles qui retombaient sur les assaillants et barraient le passage. Les bâtiments, dont le plus beau était la salle commune appelée *salle d'honneur*, étaient disposés dans la dernière enceinte du château, dans le donjon, qui était souvent la demeure du châtelain. Sous l'une des tours ou à la base du donjon se trouvait quelquefois un cachot voûté, accessible seulement par un orifice supérieur, et appelé les *oubliettes*.

Fig. 19. — Château féodal.

Les remparts étaient couronnés de dentelures ou *créneaux* (fig. 21, A); ceux-ci étaient portés, dès le XIVe siècle, par des consoles entre lesquelles se trouvaient des ouvertures appelées *mâchicoulis* (fig. 21, B), qui servaient à lancer des projectiles aux pieds des murs.

Fig. 20. — Ponts-levis.

La découverte de l'artillerie et les progrès de l'autorité royale déterminèrent peu à peu les seigneurs à délaisser les châteaux fortifiés. Dès la Renaissance, les résidences seigneuriales, abandonnant les hauteurs, ne conservant les tours que par tradition ou les changeant en pavillons élégants, devinrent ce qu'elles sont encore aujourd'hui, de petits palais ou de vastes maisons où les tours, les créneaux et les mâchicoulis n'étaient qu'un ornement.

Les villes, au moyen âge, surtout aux XIIIe XIVe et XVe siècles étaient toutes fortifiées. Elles n'avaient généralement qu'une enceinte flanquée de tours carrées, rondes ou demi-cylindriques. Les portes principales étaient flanquées de deux grandes tours (fig. 22). Ces fortifications étaient presque toujours reliées au château, qui les commandait. Après l'invention de l'artillerie, au XIVe siècle, les tours d'abord, puis les remparts s'abaissèrent et acquirent plus d'épaisseur; peu à peu s'opérèrent les transformations qui ont fait remplacer les remparts par des levées de terre revêtues ou non de maçonnerie, les tours par des bastions, et les châteaux par des forts ou citadelles en forme d'étoiles. Dès le XVIe siècle, beaucoup de villes cessèrent de compter comme places de guerre. Plusieurs ne reçurent de nouvelles fortifications ou ne firent usage des anciennes que pour repousser des attaques d'aventuriers qui étaient dépourvus d'artillerie.

Fig. 21. — Créneaux, mâchicoulis.

Au moyen âge, non-seulement les châteaux et les villes, mais encore certains établissements étaient fortifiés. Les monastères, que leurs richesses exposaient au pillage, les hôtels de ville et des maisons particulières étaient surmontés de tours de défense crénelées. Les églises elles-mêmes pouvaient devenir au besoin des lieux de refuge et se mettaient en état de soutenir des siéges. Dans certains pays et à certaines époques, leurs fenêtres étaient fort petites, leurs angles, flanqués de tourelles, et leurs clochers, au lieu de se terminer en pyramides, se couronnaient de créneaux et de mâchicoulis, comme les donjons.

Fig. 22 — Porte fortifiée.

II. — Monuments et œuvres artistiques du département de la Meurthe (1).

Le département de la Meurthe a conservé peu de monuments anciens et ceux qui sont antérieurs au xve siècle présentent rarement quelque intérêt.

Période antique. — Un *dolmen* près d'Hazelbourg, deux *menhirs* à Abreschwiller et à Saint-Quirin, une *enceinte druidique* à Abreschwiller, deux *pierres branlantes* à Dabo et à Walscheid, un *tumulus* près de Dabo, se voient encore dans l'ancien pays des *Mediomatrici* et des *Triboques;* dans la région occupée par les *Leuci*, on trouve, à Pierre-la-Treiche, des grottes à ossements très-curieuses et qui, dans des fouilles exécutées depuis 1864, ont donné un nombre considérable d'objets de l'âge de *la pierre* et de l'âge du *bronze*. A quelque distance et sur le même territoire, on a découvert aussi un vaste atelier de fabrication d'armes en silex du pays, remontant à une époque des plus reculées. Nous pouvons citer ensuite des *tumuli* à Bagneux et aussi sur le sommet et le penchant de la côte de Molzéville, on remarque encore, aux environs de Toul, quelques stations celtiques, à Crézilles, à Allain, à Andilly, à Villey-saint-Etienne, etc., accusées notamment par quantité d'armes et d'objets en silex, recueillis tout récemment sur le sol.

La principale *voie romaine* qui parcourt le département de la Meurthe est celle de Strasbourg à Metz par Tarquimpol. Elle traverse l'étang de Lindre, et les traces en sont encore visibles entre Bisping et Fribourg, et à Blanche-Église. Toul était aussi reliée à Metz par une voie venant de Langres, et qui passait par Scarpone. Une troisième voie conduisait de *Nasium* (Naix) à Toul. Les autres routes étaient moins importantes et furent destinées à desservir, au ive et ve siècle, les *camps* fortifiés établis sur les hauteurs, et particulièrement dans les Vosges. On voit les vestiges de quelques-uns de ces camps. Ceux de *Hazelbourg* (m. h.), de *Jaillon*, d'*Afrique* (à Ludres), de *Saizerais*, de *Sion*, d'*Aingeray*, et de *Fabémont* (entre Eulmont et Dommartemont), sont les plus intéressants.

Aux voies romaines se rattache le gigantesque ouvrage en briques amoncelées, sans ciment, connu sous le nom de *Briquetage de la Seille* (m. h.). Il était destiné à servir de passage pour aller à Marsal et à Vic, et à former une base solide pour les constructions ou pour les travaux de défense à établir sur les bords marécageux de la Seille.

Il n'existe plus d'édifices gallo-romains ; mais de nombreuses antiquités (tombeaux, statues, inscriptions, médailles, objets divers) ont été trouvées à Giriviller, Favières, Bagneux, Bouzanville, Crézilles, Pannes, Marsal, Vic, Sion, Saizerais, etc., et surtout dans les cantons de Lor-

(1) *Abréviation :* m. h. signifie *monument historique*, c'est-à-dire un édifice susceptible d'être entretenu aux frais de l'Etat.

quin, de Colombey, de Bayon, de Vézelise et aux environs de Toul, de Scarpone et de Tarquimpol.

MOYEN AGE. — Il faut arriver au XIe siècle pour trouver un monument à citer. A ce siècle et au suivant appartiennent : — l'*église de Mousson* (m. h.), qui renferme des fonts baptismaux du XIe siècle extrêmement remarquables. Les quatre faces extérieures de la cuve sont ornées de bas-reliefs reproduisant des scènes de baptême ; — l'*église de Laître-sous-Amance* (m. h.), construite vers 1080, dont la façade est ornée d'arcatures ; — les *églises* de *Blanzey* (commune de Bouxières-aux-Chênes), de *Battigny*, de *Forcelles-saint-Gorgon*, de *Barisey-la-Côte* (beau portail), de *Sainte-Marie-aux-Bois* (entre Vilcey et Prény), d'*Ecrouves* (m. h.; très-curieuse; elle renferme deux puits), de *Puxe* (com. de Lalœuf), de *Lay-Saint-Christophe*, de *Saint-Sauveur* et de *Trondes* ; — des chapelles à *Saint-Quirin*, à *Toul* (Maison-Dieu et Gare-le-Cou) et à *Dolving*. — Une *crypte* existe à *Dieulouard*.

Le style ogival fut connu et usité dans la Lorraine dès le milieu du XIIIe siècle. Il a laissé dans le département de la Meurthe trois églises intéressantes, qui appartiennent en grande partie à cette époque :

La cathédrale de Toul (m. h.), fondée en 970, fut rebâtie au XIIe siècle, consacrée en 1149 par le pape Etienne III, et reconstruite pour la troisième fois au XIIIe siècle, sur de vastes plans. Elle a la forme d'une croix latine ; les collatéraux de la nef ne se prolongent pas autour du chœur. Sa longueur est de 88 mètres ; la longueur du transsept est de 48 mètres ; la hauteur des voûtes de la nef est de 36 mètres. Le chœur et le transsept seulement appartiennent au XIIIe siècle ; la nef est du XIVe siècle, sauf les deux dernières travées et la façade, qui datent du XVe siècle. La façade, un des chefs-d'œuvre du style ogival flamboyant, élevée de 1447 à 1496, sur les plans du célèbre architecte Jacquemin, de Commercy, est flanquée de deux tours, octogonales dans leur partie supérieure, hautes de 75 mètres. Elle est tout entière couverte de riches découpures et percée au centre, au dessus de la grande porte, d'une rose splendide. Malheureusement, les nombreuses statues qui la décoraient ont été brisées et enlevées en 1793.

La cathédrale de Toul a été, depuis 1840, l'objet de restaurations bien entendues. — Au sud de la nef se trouve un beau *cloître* du XIVe s., de 70 mètres de longueur sur 50 mètres de largeur.

L'église Saint-Gengoult, à Toul (m. h.), aussi en forme de croix, se fait remarquer par l'harmonie de ses proportions. Les vitraux du chœur remontent aussi au XIIIe siècle. La façade fut construite au XVe siècle; mais, des deux tours dont elle est flanquée, une seule a été terminée. L'église est accompagnée d'un *cloître* magnifique (m. h.), élevé au XVIe siècle dans le style ogival. Les arcades de ce cloître sont très-ornées, et leur archivolte se redresse en accolade.

L'*église Saint-Martin*, à Pont-à-Mousson (m. h.), date du XIIIe siècle à l'intérieur seulement. Les voûtes sont du XVIe siècle ; les parties extérieures du style ogival flamboyant. La façade occidentale, peu gracieuse, est flanquée de deux belles tours, qui rappellent, dans leur partie supérieure, les clochers de la cathédrale de Toul.

Les églises de *Ménillot* (belle abside, vitraux du XIIIe s.), de *Liverdun,* datent aussi du XIIIe siècle. L'église de Liverdun renferme le *tombeau* gothique de *saint Eucaire.* Le saint y est représenté coiffé de la mitre, revêtu des habits épiscopaux et couché sur une pierre, au-dessus de laquelle on lit une inscription.

Cathédrale de Toul.

Outre le tombeau de saint Eucaire, l'église de Liverdun offre à l'admiration des curieux les stalles du chœur, et un remarquable morceau de sculpture, placé dans la sacristie. Ce morceau, généralement inconnu, paraît dater de la Renaissance.

Le XIVe siècle a peu produit, hors la nef et le cloître de la cathédrale de Toul. Nous lui attribuons cependant les églises de *Munster* (consacrée en 1327) et de *Sexey-aux-Forges.* — Mais le XVe et le XVIe siècle ont laissé de vrais monuments. Outre les parties importantes appartenant à des édifices déjà décrits, nous citerons :

Saint-Nicolas-du-Port (m. h.), dans la ville de ce nom, grande église, commencée en 1494 par le curé Simon Moyset, et achevée en 1544. Elle a un transsept fort peu prononcé, et son axe est sensiblement incliné vers le sud. Sa longueur est de 96 mètres, sa largeur, de 36. La façade, moins belle que celle de la cathédrale de Toul, offre cependant une certaine richesse. La porte centrale est surmontée d'une belle fenêtre à huit divisions, dont le réseau ou tympan est formé par une belle rose. Les deux tours qui dominent la façade offrent quelques différences de détails. Celle du nord, un peu plus haute que celle du sud, atteint 85 mètres. Elle est, par conséquent, l'édifice le plus élevé du département;

L'église de Vézelise, dominée par un beau clocher à flèche haut de 63 mètres, et possédant encore des vitraux remarquables;

L'*église de Blénod-lès-Toul* (1512), qui ressemble beaucoup à la précédente; elle possède le tombeau (Renaissance) de Hugues des Hazards, son fondateur, évêque de Toul;

Les *églises* de *Fénétrange* (m. h.), de *Bezange-la-Grande*, de *Dieulouard*, de *Fouard*, de *Dommartin-sous-Amance*, de *Pulligny*, etc.

Les monuments civils sont peu nombreux; nous citerons: une belle *salle* romane à deux nefs *de l'abbaye de Sainte-Marie-aux-Bois* (entre Vilcey et Prény), la *Maison des Loups* à *Pulligny* (XVIe s.), la *place de Pont-à-Mousson*, entourée d'arcades fin du XVIe s.), la *maison du Gouverneur* (XVe s.) à Liverdun, et sur tout les parties anciennes du palais des ducs de Lorraine, à Nancy, qui mérite une description particulière.

L'ancien palais ducal (m. h.), commencé au XVe siècle par le duc Raoul, fut achevé par René II, qui y fit son entrée triomphale le 5 janvier 1477, après la défaite de Charles le Téméraire. Il fut ensuite remanié par les ducs Antoine, Charles III, Léopold et Stanislas. Il ne reste plus aujourd'hui qu'un corps de bâtiment comprenant: 1° la *façade extérieure* du palais avec sa grande et petite porte et les balcons; la grande porte est un chef-d'œuvre de richesse sculpturale: son arc est en plein cintre, mais orné de moulures flamboyantes; au-dessus est la statue équestre d'Antoine, sculptée en 1851 pour remplacer une statue du même duc, détruite en 1792; elle est elle-même surmontée d'un écusson aux armes de Lorraine; 2° la *Galerie des Cerfs*, qui doit son nom aux bois de cerf dont elle était primitivement ornée; elle se trouve au premier étage, et sa façade, malgré les mutilations qu'elle a subies, est un des plus intéressants monuments de Nancy; le *grand escalier* qui y conduit, situé à l'angle de la cour; 4° la *galerie inférieure*, ou portique de la cour d'entrée, au rez-de-chaussée, avec arcades dont les colonnes élégantes sont ornées de beaux chapiteaux; 5° enfin, le *vestibule*, qui présente une voûte en briques décorée de clefs historiées, de portraits et de devises.

Le *pont de Malzéville* (13 arches) date de 1498; celui de *Pont-à-Mousson* date de la fin du XVIe siècle.

Le département de la Meurthe, sous le rapport de l'architecture militaire du moyen âge, appartient à deux régions bien différentes. Dans les parties centrale et occidentale, les châteaux présentent à peu près les mêmes caractères que les châteaux français contemporains; seulement, à l'époque romane, les donjons à contre-forts ne sont pas usités. Dans la partie orientale, au contraire, l'architecture rhénane a jeté son influence; et les châteaux des bords du Rhin se sont toujours profondément distingués de ceux dont nous avons esquissé (page 57) les caractères généraux.

Saint-Nicolas.

Ces derniers étaient presque tous, et jusqu'au XVIe siècle, situés sur des hauteurs escarpées, rarement flanqués de tours d'enceinte et le plus souvent accessibles par des *chemins de défilement* qui contournaient les remparts extérieurs avant d'aboutir à la porte d'entrée. Leurs donjons étaient toujours étroits, élancés; ils adoptèrent rarement, même après le XIIIe siècle, la forme cylindrique. Ils avaient au rez-de-chaussée un cachot profond, ou basse-fosse, dans lequel on pénétrait par une ouverture percée dans la voûte qui soutenait le plancher du premier étage. Leur entrée, très-étroite, était percée, comme une fenêtre, à une fort grande hauteur. Les donjons étaient quelquefois au nombre de deux et même de trois dans une seule enceinte ; ils servaient de guette, jamais d'habitation.

A la première catégorie appartiennent les *châteaux* ou *donjons* de *Mousson* (m. h. ; XIe s.), d'*Aulnois* et de *Vaudémont* (m. h.), qui sont romans, et ceux de *Baccarat* (1320), de *Prény*, de *Blamont* (XIVe s.) de *Phlin*, de *Foug* (XIIIe s.), de *Custine*, de *Dombasle*, de *Bainville-aux-Miroirs*, de *Germiny*, de *Barisey-au-Plain*, de *Bayonville*, de *Vic* et de *Moyen* (m. h. ; XVe s.), qui sont l'époque ogivale.

Le **château de Prény**, le plus remarquable de tous ceux qui précèdent (m. h.), fut bâti aux XIIe et XIIIe s. Ce château, que Bouchard d'Avesnes, évêque de Metz, ne put prendre, en 1286, avec 4,000 fantassins et 1,000 cavaliers, était « un carré flanqué de hautes et fortes tours, liées entre elles par de fortes murailles et des galeries souterraines creusées dans le roc vif. A l'une des extrémités de ces constructions, qui formaient le château proprement dit, s'élevait un second édifice entouré de fossés, flanqué également de tours sur l'une desquelles était placée la fameuse cloche nommée Mande-Guerre. Cette tour, la plus grosse, porte encore aujourd'hui ce nom. Ce pâté de bâtiments, qu'on appelait le donjon, contenait la chapelle castrale et les grands appartements. On remarque une ruche immense dans l'une de ces tours, où l'on pénètre par une issue creusée nouvellement dans l'épaisse muraille ; les prisonniers y étaient descendus par une ouverture pratiquée dans la voûte supérieure. Une place d'armes, les logements de la garnison, les bâtiments où se réfugiaient les paysans de la seigneurie en temps d'invasion, occupaient l'espace compris entre le donjon et le château, dont un double rang de fossés et trois fortes portes complétaient les moyens de défense. »

A la seconde catégorie se rattachent les châteaux de *Turquestein*, de *Réchicourt-le-Château* (m. h.), de *Dabo* (m. h.), de *Géroldseck*, près Niederstinzel et de **Lutzelbourg**. Ce dernier (m. h.), fort remarquable, est situé au sommet d'un petit plateau très-escarpé qui, se détachant des Vosges, s'avance sur la vallée de la Zorn. Il en reste une porte à arcade, une enceinte irrégulière et deux donjons carrés assez élevés.

Peu de villes ont conservé leurs enceintes fortifiées. *Château-Salins* est encore entourée de ses remparts (m. h.) du XIVe siècle. *Liverdun* et *Vic* en possèdent qui appartiennent à diverses époques ; ceux de *Vaudémont* datent de 1072, ceux de *Toul*, dont il reste peu de chose, ont été bâtis en 1230 ; à *Gondreville* se voient deux *portes* fortifiées ; enfin, une des portes de Nancy, celle de *Notre-Dame* ou *de la Craffe*, par laquelle les ducs de Lorraine faisaient leurs entrées solennelles, date de la fin du XVe siècle. Elle est flanquée de deux tours entièrement rondes.

Renaissance. — Elle n'a produit qu'un édifice digne d'être cité, le *château de Gournay*, commune d'Étréval, construit en 1512, et flanqué de grosses tours rondes.

Période moderne. — Cette période, la plus brillante pour l'art dans le département de la Meurthe, commence sous le long règne de Charles III (1545-1608) et se termine à la Révolution. On lui doit :

1° La **Cathédrale de Nancy**, commencée en 1703, sous le règne

Porte du palais ducal, à Nancy.

de Léopold, et inaugurée en 1742. Le style admis, l'extérieur ne manque pas d'une certaine richesse majestueuse ; l'intérieur, vaste et dont les voûtes s'appuient à leurs retombées sur des piliers carrés, a un

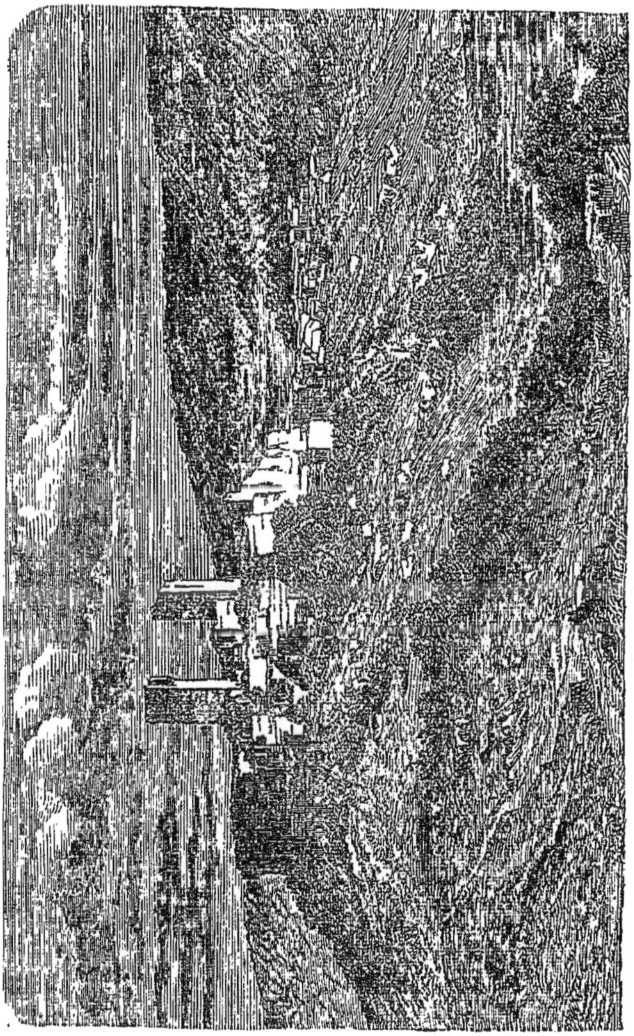

Château de Lutzelbourg.

aspect de grandeur un peu froide qui rappelle celui de Saint-Sulpice ou de Saint-Roch, à Paris. La façade, large de 50 mètres et présentant un avant-corps et deux arrière-corps, appartient à l'ordre corinthien dans le soubassement, et au-dessus à l'ordre composite. Il en est de même des tours, décorées de pilastres et de balustrades que surmontent des dômes terminés par une lanterne en pierre. L'intérieur se compose d'une nef principale et de deux collatéraux d'une longueur de 50 mètres. La nef principale mesure 14 mètres de largeur. A son extrémité s'ouvre un *dôme*

Tours de la Craffe, à Nancy.

ont la peinture à fresque, due à Jacquart, a pour sujet un *Ciel ouvert.* On remarque, au-dessus du siége épiscopal, une *Vierge tenant l'enfant Jésus*, d'une belle exécution, et deux tableaux de Claude Charles, peintre nancéien, représentant : l'un, le *Couronnement de saint Sigisbert*, l'autre, *les Pauvres servis à table par Sigisbert.* Nous signalerons encore : les belles *grilles* des chapelles de Saint-Jean-Baptiste et de Saint-Charles, exécutées par Lamour; les statues en marbre blanc, par Nicolas Drouin, des quatre *Docteurs* de l'Église, qui ornaient primitivement le tombeau du cardinal de Vaudémont aux Cordeliers, et qui ont été transportées dans les chapelles latérales de la Vierge et du Sacré-Cœur, à l'avant-chœur de la cathédrale ; trois *tableaux* de Girardet; deux beaux *bénitiers* en marbre et en porphyre, donnés en 1807 à l'église par le comte d'Ourches; une *lampe* d'argent, présent d'un prince espagnol, prisonnier en 1809; et enfin un remarquable jeu d'*orgues* placé en 1758. — La cathédrale possède des reliques de saint Sigisbert, et conserve dans son trésor le calice, la patène et l'évangéliaire de saint Gauzelin.

2° L'*église Saint-Sébastien, à Nancy*. La première pierre en fut posée en 1720; et l'église, achevée en 1731, fut consacrée au mois de septembre de la même année. Des sculptures et des bas-reliefs de Meny décorent le portail, encadré entre deux tours. Saint-Sébastien offre à l'intérieur une belle nef soutenue par des colonnes ioniques. Outre des peintures dues à Jean Leclerc et à Claude-Charles et des sculptures de Bagard, on y remarque un beau *mausolée* élevé à la mémoire du peintre Girardet (1709-1778) par les artistes lorrains.

3° L'église **Bon-Secours**, au faubourg Saint-Pierre, à Nancy, élevée par Stanislas, en 1738, sur l'emplacement d'une ancienne chapelle érigée par René II. La façade, formée d'une ordonnance de colonnes corinthiennes, entre lesquelles ont été ménagées des niches où se trouvent placées des statues de saints, se termine par un clocher renfermant l'horloge, qui surmonte un écusson aux armes de Pologne. A l'intérieur, que décore un ordre d'architecture en pilastres, les murs sont recouverts de stuc. La frise de l'entablement est rehaussée d'ornements dorés reproduisant, autour du sanctuaire, le sujet connu dans l'Église grecque sous le nom de sainte liturgie et qui symbolise toutes les qualités que l'Eglise donne à la Vierge dans les litanies. Ces ornements remplacent une magnifique balustrade de Lamour, détruite pendant la Révolution. La voûte, peinte par Joseph Gilles, dit Provençal, représente l'*Annonciation* et l'*Assomption*. Enfin, huit *statues* de saints, posées sur des socles, complètent la décoration générale. Le chœur, séparé de la nef par une tenture rouge à franges et à glands d'or peinte sur tôle, contient les *mausolées de Stanislas*, mort en 1766, et de *Catherine Opalinska*, sa femme, morte en 1747. C'est Stanislas qui fit élever ce dernier, dont les belles sculptures ont été exécutées par Sébastien Adam.

Dans l'angle du sanctuaire, est placé, sous une console, un petit *tombeau* en marbre, renfermant le cœur de la fille de Stanislas, Marie Leckzinska reine de France.

Le maître-autel de l'église de Bon-Secours est remarquable par une grande richesse d'ornementation. — Au fond du sanctuaire, s'élève une charmante *statue* de la *Vierge*, due au sculpteur Mansuy-Gauvain (commencement du XVIe s.), à qui elle fut commandée par René II. Cette statue, placée originairement dans l'ancienne chapelle, et à laquelle les fidèles avaient une grande dévotion, est ornée d'une couronne donnée par le pape Pie IX, et dont la remise a eu lieu, le 3 septembre 1865, avec une grande solennité. — Nous signalerons encore, comme digne d'attention, le *tombeau* du duc Tennezin-Ossolinski, grand-maître de la maison du roi de Pologne.

4° **L'église Saint-Jacques**, à Lunéville, reliée aux bâtiments de l'ab-

Cathédrale de Nancy.

baye de Saint-Remi, dont elle dépendait autrefois. Elle fut commencée en 1730, sous le duc François III, d'après les dessins de Boffrand. Les travaux arrêtés, faute de fonds, à la naissance des tours, furent repris sous Stanislas par l'architecte Héré, qui les termina en 1745. « C'est à cet artiste éminent, dit M. Alexandre Joly dans une note qu'il veut bien nous communiquer, que sont dues les deux tours d'une architecture si monumentale et si majestueuse, dessinées sur les données du plan primitif qu'il s'appropria et dont il sut faire une création qui est bien l'œuvre de son génie. » Le portail principal, encadré dans une ordonnance de colonnes ioniques, est surmonté d'un fronton avec attique, au-dessus duquel se trouve l'horloge supportée par une figure colossale (le *Temps* ou *Samson*). Cette façade est flanquée de deux tours à deux étages, ornées aux angles de colonnes corinthiennes et percées sur leurs quatre faces de grandes baies cintrées. Le deuxième étage de chaque tour, décoré de galeries, de consoles, de vases à feu, etc., s'amortit en dôme. Sur les dômes se dressent les statues colossales de saint Michel (tour du S.) et de saint Jean Népomucène (tour du N.). Cette décoration, d'un goût peut-être contestable, produit cependant un grand effet. A l'intérieur du monument, l'harmonie des lignes, qui décèle la main d'un maître habile, n'est pas troublée par la profusion d'ornements que nous avons signalée à l'extérieur. Les voûtes des bas côtés ont la même hauteur que celles de la nef. « Les *boiseries* du chœur, dit encore M. Joly, la *chaire* en chêne sculpté, les deux jolies *chapelles* patronales en marbre factice, la *tribune des orgues*, dont la disposition théâtrale produit un certain effet, sont l'œuvre de l'habile architecte Héré et ont été exécutées aux frais du roi Stanislas, dans le style de l'église et en harmonie complète avec le reste de l'édifice.

« On remarque aussi, dans Saint-Jacques : — l'*urne* où étaient renfermées les entrailles du roi Stanislas ; — au fond du collatéral de droite, une fresque remarquable de Girardet (*sainte Catherine au milieu des philosophes d'Alexandrie*);— sur l'un des piliers du chœur, à droite aussi, une autre peinture du même maître et de dimensions colossales (*saint Joseph portant l'Enfant Jésus*); — enfin, en face du tableau précédent, l'*Institution du Rosaire*, œuvre de Van Schuppen, élève de Largillière, exécutée dans la manière de Van Dyck. »

5° *La Chartreuse de Bosserville*, magnifique couvent, fondé au XVIIe siècle, par le duc Charles IV, sur un plan vaste et grandiose, avec façade monumentale, cellules et cloître dans la grande cour. L'église est décorée de peintures et de beaux morceaux de sculpture, dus au ciseau de César Bagord et au pinceau de Gérard d'Épinal. Charles IV et son fils, le prince de Vaudémont y ont été inhumés.

6° La **place Stanislas**, à Nancy, l'une des plus belles places de la France, a remplacé une ancienne esplanade où figurait le pilori. Elle est située à peu près au centre de Nancy, entre la ville neuve et la ville vieille, à la limite S. de cette dernière, limite que marquait autrefois une porte fortifiée sur l'emplacement même de l'arc de triomphe par lequel on accède à la place Carrière.

La place Stanislas forme un vaste quadrilatère à pans coupés, entouré d'hôtels ou **pavillons** d'aspect monumental et dans lesquels sont installés : l'hôtel de ville, dans le pavillon faisant face à la place Carrière ; l'évêché, dans le pavillon de l'est, à droite, en regardant la place Carrière ; le théâtre et le cercle du Commerce, dans le pavillon ouest, à gauche; les autres pavillons sont occupés par des particuliers.

Ces hôtels, construits sur un plan uniforme, et à deux étages seulement, offrent une seule ordonnance de pilastres corinthiens, embrassant

Église Saint-Jacques, à Lunéville.

la hauteur des deux étages dont les croisées sont ornées de balcons. L'entablement de toutes les façades est couronné par une balustrade que décorent des groupes d'enfants, des urnes et des vases.

Aux deux angles de la place, à droite et à gauche de l'hôtel de ville, et au débouché des rues Stanislas et Sainte-Catherine, des *grilles* en fer, dorées, d'un travail à la fois riche et élégant, exécutées par le célèbre serrurier Lamour, forment des espèces de portes flamandes qui relient entre eux les divers pavillons. Aux deux angles nord-est et nord-ouest sont placées deux *fontaines*, également décorées de grilles dorées, et surmontées l'une d'une *Amphitrite*, l'autre d'un *Neptune* conduisant un char traîné par des chevaux marins et escorté de figures allégoriques.

En regard de l'hôtel de ville, la place Stanislas est séparée de la place Carrière par une ligne de pavillons n'ayant qu'un rez-de-chaussée et un entre-sol, entre lesquels s'élève, dans l'axe de la place, l'arc de triomphe à triple portique, appelé la **porte Royale.** Cet arc de triomphe,

Place Carrière, à Nancy.

d'ordre corinthien, et couronné d'un attique, se termine par le médaillon de Louis XV en plomb doré, que soutiennent un Génie et une femme représentant la *Lorraine;* une *Renommée* plane au-dessus du Génie ; de chaque côté sont des trophées d'armes. Trois bas-reliefs en marbre blanc règnent au-dessus des trois portiques : au milieu, *Mercure et Minerve* assis sous un dattier; à droite, *Apollon jouant de la lyre* en présence des Muses et d'un groupe en extase ; à gauche, *Apollon lançant une flèche* contre un dragon ailé qui enlace un homme dans ses replis. Sur la corniche s'élèvent les statues colossales de *Cérès*, de *Minerve*, d'*Hercule* et de *Mars*. La porte Royale offre, en outre, diverses inscriptions, plus emphatiques que vraies, en l'honneur de Louis XV.

Le centre de la place est occupé par la **statue** en bronze **de Stanislas,** qui a remplacé celle que ce prince avait élevée à Louis XV, son gendre. La statue du dernier duc de Lorraine, debout sur un piédestal de marbre blanc, est due à M. Jacquot et a été érigée le 6 novembre 1831. Quatre inscriptions commémoratives rappellent la date de l'inauguration, la durée du règne de Stanislas comme duc de Lorraine (1737-1766) et enfin les institutions et les principaux monuments dus à son gouvernement.

7° La **place Carrière,** à Nancy, qui communique directement avec la place Stanislas par l'arc de triomphe. Elle a été ouverte au XVIe siècle. Après avoir subi différentes transformations sous Léopold et Stanis-

Place Stanislas, à Nancy.

las, elle forme aujourd'hui un rectangle très-allongé, bordé d'hôtels sur deux de ses côtés, et terminé à son extrémité par le palais du maréchal commandant le 3e corps d'armée. Le périmètre intérieur de la place est dessiné par une balustrade en pierres de taille, ornée de vases, et le milieu de cette espèce d'enceinte, aux angles de laquelle s'élèvent des fontaines, est planté d'une double rangée d'arbres.

8° Le *château d'Haroué*, construit par le célèbre architecte Boffrand, élève de Mansart, qui le décrit ainsi lui-même : « Il consiste en une avant-cour séparée de la cour du château par un large fossé d'eau vive (celle du Madon), qui renferme le principal corps de logis et les ailes flanquées de quatre tours..... Le principal corps de logis est distribué à deux appartements ; l'aile de droite a une chapelle et deux appartements, et l'aile de gauche est appliquée aux offices et cuisines.... Les souterrains sont voûtés dans toute l'étendue du bâtiment, et sont employés à une orangerie sous le principal corps de logis, et sous les ailes à des salles pour l'été et aux autres commodités de la maison. Quoique le bâtiment soit moderne, il a été construit avec des tours sur les vestiges d'ancien château. Les façades du principal corps de logis sur la cour et sur le jardin sont ornées d'un ordre d'architecture ionique au rez-de-chaussée, d'un ordre corinthien au premier étage, et, au-devant des ailes, d'un péristyle d'ordre ionique conduisant à couvert au principal corps de logis. »

Le château d'Haroué, ancienne résidence des princes de Beauvau, renferme plusieurs belles tapisseries de Flandre des XVe et XVIe siècles.

9° Le *château de Lunéville*, dû encore à Boffrand, se développe d'un côté sur une vaste cour, et de l'autre sur la belle promenade du Bosquet. L'intérieur, transformé en caserne de cavalerie, a beaucoup perdu de son intérêt, sauf la chapelle, bâtie en petit sur le modèle de celle de Versailles.

10° Le *château d'Aulnois*, bel édifice du XVIIe et du XVIIIe siècle.

11° Les *portes Stanislas* (1762), *Neuve, Saint-Georges, Sainte-Catherine, Notre-Dame* (distincte de la porte de la Craffe), et *Saint-Nicolas* (XVIIe s.), à Nancy; etc., etc.

Monuments commémoratifs, objets d'art, collections, etc. — Outre les ouvrages artistiques mentionnés dans les édifices déjà décrits, nous citerons d'abord les **tombeaux** (m. h.) renfermés dans la chapelle des Cordeliers, à Nancy.

L'église des Cordeliers, bâtie en 1477, mais trop remaniée depuis, renferme plusieurs tombeaux des princes de la famille de Lorraine; les plus remarquables sont : — le *tombeau d'Antoine*, compétiteur de René Ier, *et de Marie* d'Harcourt. Le sarcophage sur lequel sont placées les *statues* du prince et de la princesse est décoré de charmantes statuettes assises dans des niches ogivales; — le **tombeau de Philippe de Gueldres**, seconde femme de René II. Il a pour principal ornement la *statue* de la princesse, due au ciseau de Ligier Richier, l'illustre statuaire lorrain, élève de Michel-Ange. Philippe de Gueldres est représentée en costume de religieuse, étendue sur un stylobate. Cette statue, enlevée pendant la Révolution, et retrouvée par hasard, en 1822, dans un grenier de village, est un chef-d'œuvre de l'art. On ne saurait trop admirer, en même temps que la finesse de l'exécution, l'expression de la figure, éclairée dans sa sévérité ascétique par un grand sentiment religieux. Les mains, le voile, la robe et la cordelière ont subi, en 1817, des retouches médiocrement heureuses, mais qui, néanmoins, n'ont pas altéré sensiblement le mérite de cette sculpture remarquable. Aux pieds de Philippe de Gueldres est placée une autre religieuse tenant la couronne souveraine; — le *mausolée de René II*, construit par ordre de sa veuve, en 1515. Il appartient à la Renaissance. La statue du duc est moderne, ainsi que celle de la Vierge, devant laquelle il est prosterné. Au-dessus de l'arcade qui renferme le tombeau, la figure du Père Éternel semble planer sur les statues coloriées de l'archange Gabriel et des saints Nicolas, Georges, Jérôme et François, posées au-dessus de la corniche, dans des niches élégantes. Les pilastres, les corniches et le reste du tombeau sont peints en azur et en vermillon, avec des arabesques d'or en demi-relief; — le *monument funéraire du cardinal de Vaudemont* (Charles de Lorraine), mort en 1587. La statue, due au sculpteur lorrain Nicolas Drouin, se recommande par de grandes qualités de style et de composition.

A l'église des Cordeliers est attenante la *chapelle ronde* (1608-1611), formant un octogone régulier autour duquel sont disposés sept *mausolées* érigés en mémoire des ducs de Lorraine. Sur l'un des côtés de l'étroit vestibule qui sépare l'église de la chapelle a été placé le *tombeau de Gérard Ier d'Alsace*, comte de Vaudemont, *et de Hadwige de Hapsbourg*, son épouse. Ce monument funéraire porte les statues du duc et de la duchesse. Sous la chapelle, dans un caveau, reposent les cendres de la plupart des princes de la maison ducale, depuis le XIVe siècle.

Parmi les œuvres de peinture, de sculpture ou d'orfèvrerie léguées par le moyen âge ou les temps modernes, on remarque : des *statues tombales* des XIIe, XIIIe et XVIe siècles (m. h.) à Saint-Sauveur, des *tombeaux* dans l'église de Port-sur-Seille, les *peintures* murales des églises de Laxou et de Postroff (XVe et XVIe s.).

Sur la place de Grève, à Nancy, s'élève la *statue* en bronze *du général Drouot*, œuvre de David d'Angers. La *statue de Mathieu de Dombasle*, devant le lycée, est due au même artiste.

Le *Musée* de Nancy n'est pas riche en tableaux des grands maîtres. Il possède cependant des spécimens des trois écoles française, italienne et flamande. La sculpture y est représentée par un buste de Grégoire, dû à David d'Angers.

Le *musée historique lorrain*, établi dans l'ancien palais ducal (galerie des Cerfs) possède des monuments druidiques et gallo-romains trouvés dans le département, des sculptures du moyen âge et de la Renaissance et la *tapisserie* (25 mètres de longueur sur 4 mètres de hauteur) qui décorait la tente de Charles le Téméraire, lorsqu'il vint assiéger Nancy, et qui fut longtemps conservée dans l'une des salles du palais de justice. Cette tapisserie se divise en deux sujets ; l'un, emprunté à l'histoire sainte, représente la *Révocation de l'édit d'Assuérus* contre les Juifs ; l'autre, purement allégorique, a pour but de signaler les inconvénients de la bonne chère et de l'intempérance.

IV

BIBLIOGRAPHIE

Annuaire administratif, statistique, historique, judiciaire et commercial de la Meurthe, par H. Lepage et N. Grosjean. Nancy, N. Grosjean.

Archéologie de la Lorraine, par Beaulieu, Paris, 1840.

Communes de la Meurthe (Les), par H. Lepage. Nancy, A. Lepage. 1853.

Département de la Meurthe (Le), statistique, historique et administratif, par H. Lepage. Nancy, Peiffer, 1483.

Description historique et sommaire de l'église des Cordeliers, chapelle ducale et tombeaux des princes de la Maison de Lorraine. Nancy, N. Grosjean.

Dictionnaire topographique du département de la Meurthe, par H. Lepage. Paris, Imprimerie impériale, 1862.

Dombasle, son château, son prieuré, son église, par H. Lepage. Nancy, Lepage, 1862.

Esquisse historique et archéologique de l'église Notre-Dame d'Avioth, par A. Ottman. Nancy, Grimblot, 1859.

Géographie physique, administrative, industrielle et historique de la Meurthe, par A. Hinzelin. Nancy, N. Grosjean.

Histoire de Lorraine, par dom Calmet.

Histoire de Lorraine, par A. Digot. Nancy, Vagner.

Histoire de Toul, par le P. Benoît, 1787.

Maisons (Les) historiques de Nancy, par L. Lallemand, Nancy, Wiener, 1859.

Mémoires de la Société d'archéologie Lorraine. Nancy, Lepage, 1859-1867.

Notice sur l'église de Saint-Nicolas-du-Port. Nancy, Vagner, 1848.

Promenade dans Nancy et ses environs, par H. Lepage. Nancy, Grosjean, 1866.

Recherches topographiques et médicales sur Nancy, par M. le docteur Simonin père. Nancy. Grosjean.

Statistique monumentale des arrondissements de Nancy et de Toul, par Cyrille de Beuzelin, 1836, imprimerie impériale.

Voies romaines (Les) de l'arrondissement de Sarrebourg, par M. L. Benoit. Nancy, Lepage, 1865.

V

DICTIONNAIRE DES COMMUNES

ABRÉVIATIONS

arr.	veut dire	arrondissement.	h.	—	habitants.
c.	—	canton.	hect.	veut dire	hectares.
ch.-l.	—	chef-lieu.	kil.	—	kilomètres.
départ.	—	département.	m.	—	mètres.
filat.	—	filature.	s.	—	siècle.
fabr.	—	fabrique.	v.	—	ville.

Le signe [ST] signifie station de chemin de fer; le signe »→ indique les curiosités.

Le chiffre en mètres, qui vient après la situation géographique des communes, exprime l'altitude au-dessus du niveau de la mer; quand il y a deux chiffres, le plus petit donne l'altitude inférieure et le plus grand l'altitude supérieure de la commune.

Abaucourt, 780 hect., 625 h., sur la Seille, à 187 m., c. de Nomeny. »→ Ruines d'un château.

Aboncourt-en-Vosges, 692 hect., 290 h., à 370 m., c. de Colombey. »→ Eglise (chœur du xiie s.).

Aboncourt-sur-Seille, 356 hect., 160 h., à 210 m., c. de Château-Salins. — Fontaine douée de propriétés curatives.

Abreschwiller, 4127 hect., 1812 h., sur la Sarre-Rouge, à 310 m., c. de Lorquin. — Polissage de glaces. »→ Ruines celtiques et romaines.

Achain, 471 hect., 224 h., à 260 m., c. de Château-Salins.

Affracourt, 532 hect., 308 h., sur le Madon, à 258 m., c. d'Haroué. »→ Eglise du style ogival flamboyant, tour du xiie s.

Agincourt, 417 hect., 222 h. à 240 m., c. de Nancy (Est). — Source minérale froide.

Aingeray, 1280 hect., 507 h., sur la rive dr. de la Moselle, à 210 m., c. de Toul (Nord). »→ Camp romain.

Ajoncourt, 375 hect., 242 h., sur la Seille, à 195 m., c. de Delme. »→ Restes d'un château.

Alaincourt, 409 hect., 224 h., sur le penchant de la côte de Delme (400 m.), c. de Delme.

Albestroff, 1901 hect., 765 h., à 230 m., ch.-l. de c., de l'arr. de Château-Salins. — 4 étangs.

Allain, 1646 hect., 545 h., à 300 m., c. de Colombey. »→ Ruines celtiques et romaines.

Allamps, 566 hect., 546 h., entre deux collines de 415 et 434 m., c. de Colombey. — Verrerie.

Altroff, 1289 hect., 1101 h., à 230 m., c. d'Albestroff. — Fabr. de sacs.

Amance, 1350 hect., 454 h., sur une colline, à 400 m. c. de Nancy (Est). »→ Eglise du xve s. — Vestiges de remparts (xiiie s.)

Amélécourt, 460 hect., 204 h., sur la Petite-Seille, à 230 m., c. de Château-Salins.

Amenoncourt, 709 hect., 251 h., à 280 m., c. de Blamont.

Ancerviller, 1236 hect., 756 h., à 310 m., c. de Blamont.

Andilly, 715 hect., 342 h., sur le Terrouin, à 220 m., c. de Domèvre.

Angomont, 1567 hect., 345 h., au pied des Vosges, c. de Baccarat.

ANGVILLER, 545 hect., 250 h., à 250 m., c. de Fénétrange.

ANSAUVILLE, 697 hect., 321 h., sur l'Ache, à 235 m., c. de Domèvre. »→ Beau pont sur l'Ache.

ANTHELUPT, 755 hect., 428 h., à 275 m., c. de Lunéville (Nord). — Carrière de plâtre.

ARMAUCOURT, 367 hect., 446 h., à 210 m., c. de Nomeny. »→ Château ruiné.

ARNAVILLE, 504 hect., 774 h., au confluent de la Moselle et du Mad, à 185 m., c de Thiaucourt. — Pierres de taille. Filat. de laine. »→ Porte ruinée d'un ancien château. — Dans le cimetière, chapelle du XVe s.

ARRACOURT, 1742 hect., 800 h., à 230 m., c. de Vic. — 200 hect. de bois.

ARRAYE-ET-HAN, 1034 hect., 458 h., sur la Seille, à 206 m., c. de Nomeny.

ARSCHWILLER, 491 hect., 551 h., à 285 m., c. de Phalsbourg — Bon ciment et belle pierre de taille (grès bigarré). »→ Souterrain de Hommarting (2678 m. de long), l'ouvrage d'art le plus important de la ligne de Paris à Strasbourg. — Deux souterrains successifs (415 et 2300 m. de long), creusés pour le canal de la Marne au Rhin, sous le souterrain du chemin de fer, et séparés par un intervalle de 626 m.

ART-SUR-MEURTHE, 1156 hect., 618 h., sur la rive dr. de la Meurthe, à 320 m., c. de Saint Nicolas. Salines. »→ Couvent de Bosservilles (*V. Antiquités*).

ASPACH, 405 hect., 206 h., à 320 m., c. de Lorquin. — Pierre à chaux.

ASSENONCOURT, 750 hect., 473 h., à 215 m., c. de Réchicourt.

ATHIENVILLE, 1354 hect., 371 h., à 230 m., c. de Vic. — 242 hect. de bois. »→ Source bouillonnante.

ATTILLONCOURT, 325 hect., 181 h., sur la Seille, à 210 m., c. de Château-Salins.

ATTON, 970 hect., 504 h., sur la rive dr. de la Moselle (195 m.) et au pied de la côte de Mousson (386 m.), c. de Pont-à-Mousson. — 347 hect. de bois.

AULNOIS, 479 hect., 410 h., sur la Seille, à 195 m., c. de Delme. »→ Château magnifique des XVIIe et XVIIIe s., où se trouve enclavée une belle tour bien plus ancienne.

AUTREPIERRE, 775 hect., 271 h., à 280 m., c de Blamont.

AUTREVILLE, 451 hect., 327 h., sur la Moselle, à 190 m., c. de Pont-à-Mousson.

AUTREY, 1234 hect., 183 h., à 300 m., c. de Vezelise. »→ Eglise du XVIe s. style ogival; pierres tombales des XVe et XVI s. — Ruines d'un château.

AVRAINVILLE, 1058 hect., 405 h., à 230 m., c. de Domèvre. »→ Voie et camp romains.

AVRICOURT, 1243 hect., 718 h., près de la source du Sanon, à 275 m., c. de Réchicourt, [ST] de la ligne de Paris à Strasbourg, à l'embranchement de la ligne de Dieuze. »→ Pèlerinage à Notre-Dame des Ermites.

AZERAILLES, 1468 hect., 747 h., sur la rive dr. de la Meurthe, à 260 m., c. de Baccarat, [ST] de la ligne de Lunéville à Saint-Dié. »→ Belle église moderne.

AZELOT, 464 hect., 202 h., à 287 m., c. de Saint-Nicolas.

AZOUDANGE, 1034 hect., 445 h. à 256 m., c. de Réchicourt, [ST] de la ligne d'Avricourt à Dieuze. — Plâtre.

BACCARAT, 1304 hect., 4763 h., sur la Meurthe, près de la forêt du Clos, à 270 m., ch.-l. de c. de l'arr. de Lunéville, [ST] de la ligne de Lunéville à Saint-Dié. — Cristallerie très-importante (*V. Industrie.*). — Grand commerce de bois de construction et de charronnage, de merrain, de planches et charbon de bois. »→ Tour des Voués (1320), haute de 24 m. — Eglise moderne dans le style du XIIIe s.

BACOURT, 389 hect., 479 h., sur un coteau de 387 m., c. de Delme.

BADONVILLER, 1036 hect., 2069 h., à 320 m., c. de Baccarat. — Forêt de 1417 hect. — Source abondante fournissant de l'eau à six fontaines. — Filat. de coton et de laine, »→ Belle église de 1783.

BAGNEUX, 859 hect., 289 h., à 282 m., c. de Colombey. »→ Débris romains. — Eglise du XIIe s.

BAINVILLE-AUX-MIROIRS, 680 hect., 425 h., sur la rive g. de la Moselle, au pied de deux collines de 110 à 120 m. de haut., c. d'Haroué. — Fab. de pointes. »→ Pan de mur de 25 m. de haut., reste du donjon (XIIIe s.) des comtes de Vaudémont. — Ruines d'un prieuré.

BAINVILLE-SUR-MADON, 587 hect., 344 h., sur le Madon, à 223 m., c. de Toul (Sud). »→ Ruines romaines. — Maison où est né Callot (*V. Biographie.*)

BARBAS, 550 hect., 356 h., à 270 m., c. de Blamont.

BARBONVILLE, 1076 hect., 390 h., au pied d'une colline de 367 m., c. de Bayon.

BARCHAIN, 169 hect., 486 h., à 285 m., c. de Sarrebourg.

BARISEY-AU-PLAIN, 1084 hect., 421 h., à 285 m., c. de Colombey. »→ Restes d'un château à mâchicoulis. — Eglise des XIIe et XVIe s.

BARISEY-LA-CÔTE, 386 hect., 252 h., sur le penchant d'une colline de 415 m., c. de Colombey. »→ Eglise des XIIe et XIIIe s.

BASSING, 639 hect., 297 h., à 230 m., c. de Dieuze.

BATHÉLÉMONT-LÈS-BAUZEMONT, 660 hect., 221 h., à 268 m., c. de Vic.

BATTIGNY, 627 hect., 380 h., à 370 m., c. de Colombey. »→ Eglise romane.

BAUDRECOURT, 501 hect., 310 h., à dr. de la Nied française, à 230 m., c. de Delme.

BAUSSANT (SAINT-), 470 hect., 237 h., à 220 m., c. de Thiaucourt.

BAUZEMONT, 631 hect., 400 h., à dr. du Sanon, sur le canal de la Marne au Rhin, à 230 m., c. de Lunéville (Nord).

BAYON, 605 hect., 976 h., sur l'Euron et la rive dr. de la Moselle, à 250-267 m., ch.-l. de c. de l'arr. de Lunéville, [ST] de la ligne de Blainville à Epinal. — Bonne chaux. — Vins estimés. »→ Vestiges de remparts. — Dans l'église, en partie du XIIIe s., statues du XVe ou XVIe s. représentant l'Ensevelissement du Christ.

BAYONVILLE, 938 hect., 378 h., sur le Mad, entre deux collines de 370 et de 350 m., c. de Thiaucourt. »→ Le clocher de l'église est une tour fortifiée du XIe s. — Restes d'un château des XVe et XVIe s.

BEAUMONT, 299 hect., 177 h., à 255 m., de c. Domèvre. — Elève de chevaux.

BÉBING, 957 hect., 219 h., à 285 m., c. de Sarrebourg.

BELLANGE, 377 hect., 244 h., à 235 m., c. de Sarrebourg. »→ Clocher attribué aux Templiers.

BELLEAU, 468 hect., 324 h., à 287 m., c. de Nomeny. »→ Clocher du XIIe s. — Maison du XVe s.

BELLEVILLE, 1020 hect., 491 h., sur la rive g. de la Moselle, à 205 m., c. de de Pont-à-Mousson. — Fontaine abondante. »→ Eglise du XVe s. — Restes d'un donjon du XIIIe ou du XIVe s.

BÉNAMÉNIL, 908 hect., 639 h., sur la Vezouse, à 250 m., c. de Lunéville (Sud-est). »→ Clocher de 1534.

BENESTROFF, 927 hect., 337 h., à 255 m., c. d'Albestroff. »→ Château ruiné.

BENNEY, 1841 hect., 696 h., à 300 m., c. d'Haroué. »→ Ruines de deux hameaux.

BERLINGEN, 313 hect., 242 h., à 290 m., c. de Phalsbourg.

BERMERING, 564 hect., 502 h., à 240 m., c. d'Albestroff.

BERNÉCOURT, 937 hect., 347 h., à 216 m., c. de Domèvre. — Belle fontaine intarissable.

BERTHELMING, 1070 hect., 724 h., sur la rive g. de la Sarre, à 240 m., c. de Fénétrange.

BERTRAMBOIS, 1861 hect., 724 h., au pied des Vosges, à 330 m., c. de Lorquin. — Papeterie, scierie.

BERTRICHAMPS, 1968 hect., 1081 h., sur la rive dr. de la Meurthe, à 290 m., c. de Baccarat; halte de la ligne de Lunéville à Saint-Dié.

BETTBORN, 656 hect., 400 h., près de la rive dr. de la Sarre, à 260 m., c. de Fénétrange.

BEUVEZIN, 771 hect., 341 h., à 441 m., c. de Colombey. »→ Débris romains.

BEY, 548 hect., 248 h., sur la Seille à 220 m., c. de Nomeny.

BEZANGE-LA-GRANDE, 1700 hect., 505 h., à 212 m., c. de Vic. — 711 hect. de bois. »→ Eglise du XVe s.

BEZANGE-LA-PETITE, 785 hect., 323 h., à 250 m., c. de Vic. »→ Eglise gothique; vitraux.

BEZAUMONT, 426 hect., 223 h., sur une colline (394 m.) dominant la vallée de la Moselle, c. de Pont-à-Mousson.

BICKENHOLTZ, 246 hect., 209 h., à 325 m., c. de Fénétrange.

BICQUELEY, 1643 hect., 649 h., à 210 m., c. de Toul (Sud). — 600 hect. de bois.

BIDESTROFF, 738 hect., 411 h., à 240 m., c. de Dieuze. »→ Ruines d'un château.

BIEBERSKIRCH, 2858 hect., 600 h., à 280 m., c. de Sarrebourg.

BIENVILLE-LA-PETITE, 175 hect., 79 h., à 235 m., c. de Lunéville (Nord).

BIONCOURT, 515 hect., 467 h., sur la Seille, à 210 m., c. de Château-Salins.

BIONVILLE, 1214 hect., 625 h., sur la rive dr. de la Plaine (360 m.) dominée par des collines de 660 à 665 m., c. de Baccarat. La plupart des maisons sont disséminées dans une magnifique vallée, sur une longueur d'environ 10 kil.

BISPING, 1358 hect., 665 h., près de la forêt de Fort-Buisson, à 230 m., c.

de Fénétrange. »→ Voie romaine.

BLAINVILLE-SUR-L'EAU, 961 hect., 1045 h., sur la rive g. de la Meurthe, à 218 m., c. de Bayon, [ST] de la ligne de Paris à Strasbourg, bifurcation sur Epinal. »→ Restes d'un couvent du commencement du XVIIe s. et d'une enceinte fortifiée.

BLAMONT, 40 hect., 2287 h., sur la Vezouze, à 275 m., ch.-l. de c., arr. de Lunéville. — Etablissements importants : filature et tissage de laine et de coton, taillanderie, quincaillerie, distillerie, tannerie, etc. »→ Château ruiné (XIVe s.).

BLANCHE-EGLISE, 675 hect., 206 h., à 207 m., c. de Dieuze.

BLÉMEREY, 382 hect., 188 h., à 260 m., c. de Blamont.

BLÉNOD-LÈS-PONT-A-MOUSSON, 958 hect., 516 h., à 182 m., c. de Pont-à-Mousson. »→ Débris romains. — Eglise romane et gothique.

BLÉNOD-LÈS-TOUL, 1740 hect., 1364 h., au pied de collines de 420 à 480 m., c. de Toul (Nord). — 392 hect. de bois. »→ Eglise (mon. hist., 1512); tombeau de l'évêque de Toul Hugues des Hazards. — Ruines d'un château des XVe et XVIe s. et d'une autre forteresse considérable.

BOING (SAINT-), 813 hect., 277 h, sur l'Euron, à 280 m., c. de Bayon. — Vins estimés.

BONVILLER, 504 hect., 298 h., à 255 m., c. de Lunéville (Nord).

BORVILLE, 471 hect., 317 h., sur le penchant d'une colline de 342 m., c. de Bayon.

BOUCQ, 2220 hect., 942 h., à 270 m., au pied d'une colline de 387 m., c. de Toul. — 1175 hect. de bois.

BOUILLONVILLE, 521 hect., 259 h., à 220 m., c. de Thiaucourt — Vins estimés.

BOURDONNAY, 1724 hect., 794 h., à 227 m., c. de Vic. — 2 fontaines douées de vertus curatives. »→ Château de Marimont.

BOURGALTROFF, 974 hect., 508 h., à 225 m., c. de Dieuze. — 224 hect. de bois. »→ Restes d'un château.

BOURSCHEID, 383 hect., 243 h., à 290 m., c. de Phalsbourg.

BOUVRON, 999 hect., 340 h., à 225 m., c. de Toul (Nord).

BOUXIÈRES-AUX-CHÊNES, 1984 hect., 1008 h., sur le penchant d'un plateau de 405 m., c. de Nancy. (Est) »→ Clocher du commencement du XVIe s.

BOUXIÈRES-AUX-DAMES, 410 hect., 612 h., sur le penchant d'un coteau de 306 m., baigné par la Meurthe, à 318 m., c. de Nancy (Est). — Mines de fer; scierie mécanique; haut-fourneau. »→ Inscriptions intéressantes provenant d'une abbaye du XIIIe s., détruite sous la Révolution.

BOUXIÈRES-SOUS-FROIDMONT, 770 hect., 584 h., sur le revers d'une colline de 296 m. qui domine la Moselle, c. de Pont-à-Mousson.

BOUZANVILLE 581 hect., 206 h., à 310 m., c. d'Haroué. »→ Ruines romaines.

BRALLEVILLE, 421 hect., 274 h., à dr. du Madon, à 250 m., c. d'Haroué. — Chevaux.

BRATTE, 328 hect., 142 h., à 218 m., c. de Nomeny.

BRÉHAIN, 355 hect., 262 h., à 250 m., c. de Delme.

BRÉMÉNIL, 559 hect., 620 h., au pied des Vosges, à 335 m., c. de Baccarat. — Tissage.

BRÉMONCOURT, 509 hect., 266 h., sur une colline de 366 m., c. de Bayon.

BRIN-SUR-SEILLE, 1159 hect., 451 h., sur la Seille, à 310 m., c. de Noměny. — 300 hect. de bois.

BROUDERDORFF, 161 hect., 514 h., à 310 m., c. de Sarrebourg.

BROUVILLE, 969 hect., 296 h., au pied d'une colline de 346 m., c. de Baccarat.

BROUVILLER, 1124 hect., 518 h., à 280 m., c. de Phalsbourg.

BRULEY, 624 hect., 568 h., sur le penchant d'une colline boisée, à 384 m., c. de Toul (Nord). — Vins estimés. Tuilerie.

BUHL, 1152 hect., 667 h., à 260 m., c. de Sarrebourg.

BUISSONCOURT, 689 hect., 324 h., à 220 m., c. de Saint-Nicolas.

BULLIGNY, 1014 hect., 770 h., au pied d'un plateau boisé de 415 m., c. de Toul (Sud). — Vins. »→ Débris romains. — Château de Tumejus (XVIIe s.)

BURES, 600 hect., 181 h., près de l'étang de Paroy, à dr. du Sanon, à 245 m., c. de Vic.

BURIVILLE, 229 hect., 141 h., à l'E. de la forêt de Madon, à 270 m., c. de Blamont. — 775 hect. de bois.

BURLIONCOURT, 723 hect., 449 h., à 230 m., c. de Château-Salins. — 2 sources ferrugineuses.

BURTHECOURT-AUX-CHÊNES, 562 hect., 237 h., à 320 m., c. de Saint-Nicolas.

CEINTREY, 1066 hect., 757 h. sur le Madon, à 235 m., c. d'Haroué. »→ Débris romains.

CERCUEIL, 301 h., dans un vallon, à

240 m., c. de Saint-Nicolas. »→ Ruines d'un château et de sa chapelle.

CHALIGNY, 1413 hect., 849 h., sur une colline de 70 m. de haut., dominant la Moselle, à la lisière de la forêt de Haye, c. de Nancy (Nord). — Vins; fontaine ferrugineuse; mines de fer.

CHAMBREY, 1438 hect., 644 h., sur la Seille, à 210 m., c. de Château-Salins. — 317 hect. de bois. »→ Ruines d'un château.

CHAMPENOUX, 1099 hect., 613 h., à 130 m., c. de Nancy (Est).

CHAMPEY, 244 hect., 246 h., sur la Moselle, à 190 m., c. de Pont-à-Mousson. — Importante exploitation agricole. — Carrières de pierre. »→ Château du XVIIe s.

CHAMPIGNEULES, 7000 hect., 1331 h., sur le canal de la Marne au Rhin et la Meurthe, à 200 m., c. de Nancy (Est), halte de la ligne de Paris à Strasbourg. — 403 hect. de bois. — Minerai de fer. — Haut-fourneau; sucrerie; cartonnerie.

CHANTEHEUX, 550 hect., 341 h., sur la Vezouse, à 235 m., c. de Lunéville (Sud-est).

CHAOUILLEY, 507 hect., 287 h., à 330 m., c. de Vézelise.

CHAPELLE (LA), 1016 hect., 291 h., sur la Meurthe, à 291 m., c. de Baccarat. — 754 hect. de bois.

CHAREY, 930 hect., 338 h., à 248 m., c. de Thiaucourt.

CHARMES-LA-CÔTE, 622 hect., 524 h., sur le penchant d'une colline boisée de 407 m., à 350 m., c. de Toul (Sud). — Vins.

CHARMOIS, 540 hect., 135 h., à 260 m., c. de Bayon.

CHATEAU-BRÉHAIN, 606 hect., 356 h., à 247 m., c. de Delme. — Tourbière. »→ Restes d'un château.

CHATEAU-SALINS, 527 hect., 2323 h., sur la Petite-Seille, à 200-224 m., par 48° 50' 16" de latit. et 4° 7' 57" de long. E., ch.-l. d'arr. — Verrerie. »→ Eglise, ancienne chapelle castrale, construite par le duc René (1512). — Ruines des fortifications (mon. hist.), du XIVe s.

CHAUDENEY, 834 hect., 433 h., sur la Moselle, à 210 m., c. de Toul (Sud). »→ Château de Moselly.

CHATEAU-VOUÉ, 478 hect., 286 h., sur la Petite-Seille, à 220 m., c. de Château-Salins.

CHAVIGNY, 590 hect., 432 h., au centre d'un vallon dominé par un plateau boisé de 370 à 388 m., c. de Nancy (Ouest). — Minerai de fer. — Haut-fourneau.

CHAZELLES, 331 hect., 130 h., à 270 m., c. de Blamont (6 kil.).

CHENEVIÈRES, 454 hect., 373 h., sur la Meurthe, à 255 m., c. de Lunéville (Sud-ouest).

CHÉNICOURT, 374 hect., 234 h., sur la Seille, à 197 m., c. de Nomeny.

CHÉNOIS, 346 hect., 187 h., à 240 m., c. de Delme.

CHICOURT, 540 hect., 290 h., à 260 m., c. de Delme.

CHOLOY, 1168 hect., 510 h., à 250 m., c. de Toul (Sud). »→ Débris romains.

CIREY, 1639 hect., 2205 h., sur la Vezouse et arrosée par 7 fontaines, à 307 m., c. de Lorquin. — 558 hect. de bois. — Minerai de fer. — Manufacture de glaces, annexe de Saint-Gobain (1000 ouvriers, 2,000,000 de produits annuels), faïencerie importante, scierie. »→ A Haute-Seille, ruines d'une église abbatiale du XIIe s. et d'un cloître.

CLAYEURES, 905 hect., 458 h., au pied de deux collines de 336 et 354 m., c. de Bayon.

CLÉMENT (SAINT-), 1653 hect., 920 h., sur la Meurthe, à 250 m., près de la forêt de Mondon, c. de Lunéville (Sud-est), [ST] de la ligne de Lunéville à Saint-Dié. — 917 hect. de bois. — Faïence de Lorraine à émail opaque (150 ouvriers). Gants de peau.

CLÉMERY, 920 hect., 536 h., sur la Seille, à 189 m., c. de Nomeny. »→ Deux tours d'un ancien château.

CLÉREY, 441 hect., 121 h., sur le Brenon, à 270 m., c. de Vézelise.

COINCOURT, 799 hect., 431 h., au pied d'une colline de 300 m., c. de Vic.

COIVILLER, 300 hect., 197 h., à 270 m., c. de Saint-Nicolas.

COLOMBEY-LES-BELLES, 1752 hect., 985 h., à 280 m., ch.-l. de c., arr. de Toul. — 705 hect. de bois. — Brasserie; boutons en nacre. »→ Débris romains.

CONTHIL, 576 hect., 441 h., à la source de la Petite-Seille, à 275 m., c. de Château-Salins.

COURBESSAUX, 632 hect., 280 h., à 230 m., c. de Lunéville (Nord).

COURCELLES, 414 hect., 292 h., à 340 m., c. de Colombey. »→ Clocher roman.

COUTURES, 577 hect., 249 h., c. de Château-Salins.

CRAINCOURT, 894 hect., 452 h., sur la Seille, à 230 m., c. de Delme.

CRANTENOY, 528 hect., 212 h., à 250 m., c. d'Haroué. »→ Ruines d'un château.

CRÉPEY, 2089 hect., 853 h., à 327 m.,

entre deux collines, c. de Colombey. — 720 hect. de bois. — Pierres de taille.

Crévéchamps, 485 hect., 304 h., à 250 m., à g. de la Meurthe, près de la forêt de Benney, à 261 m., c. d'Haroué.

Crévic, 1039 hect., 710 h., sur le Sanon, qui l'entoure de trois côtés, et sur le canal de la Marne au Rhin, à 221 m., c. de Lunéville (Nord).

Crézilles, 952 hect., 364 h., à 265 m., c. de Toul (Sud). »→ Voie romaine et restes de bains. — Dans l'église, tableaux remarquables.

Crion, 808 hect., 229 h., à l'O. de la forêt de Paroy, à 250 m., c. de Lunéville (Sud-est).

Croismare, 1559 hect., 1034 h., sur la Vezouse, à 235 m., c. de Lunéville (Sud-est). —431 hect. de bois. — Verrerie.

Custine, 1173 hect., 690 h., au-dessous du confluent de la Meurthe et de la Moselle, à 192 m., c. de Nancy (Est). — Minerai de fer. »→ Ruines d'un château du XIIIe s. dans lequel est né Claude de Lorraine, duc de Guise. — Maisons des XIVe et XVe s.

Cutting, 360 hect., 393 h., sur le canal des salines de Dieuze, à 220 m., c. de Dieuze.

Dabo ou Dagsbourg, 4828 hect., 2673 h., dans les Vosges, entre deux sommets de 511 et 631 m., c. de Phalsbourg. — 4007 hect. de bois. — Scieries, cuvellerie. »→ Dolmen. — Ruines d'un château (mon. hist.).

Dalhain, 481 hect., 445 h., à 230 m., c. de Château-Salins.

Dameleviéres, 808 hect., 491 h., sur la Meurthe, à 220 m., c. de Bayon. — 359 hect. de bois; fontaine réputée fébrifuge du Trou-du-Tonnerre.

Danne-et-Quatre-Vents, 180 hect., 698 h., à 390 m., c. de Phalsbourg. — 516 hect. de bois.

Dannelbourg, 284 hect., 377 h., à 350 m., c. de Phalsbourg.

Dédeling, 93 hect., 110 h., sur la Petite-Seille, à 212 m., c. de Château-Salins.

Delme, 509 hect., 690 h., à 221 m., ch.-l. de c., arr. de Château-Salins.

Deneuvre, 969 hect., 107 h., sur la rive g. de la Moselle, à 280 m., c. de Baccarat. — 438 hect. de bois. »→ Grottes de la Rochotte, creusées de main d'homme.

Desseling, 400 hect., 292 h., à 240 m., c. de Réchicourt. »→ Voie romaine.

Deuxville, 720 hect., 413 h., à 285 m., c. de Lunéville (Nord). — Carrière de plâtre. — Fabr. de chaînes d'acier.

Dianne-Capelle, 723 hect., 531 h., entre les étangs de Stock et de Gondrexange, à 285 m., c. de Phalsbourg.

Diarville, 1103 hect., 602 h., à 270 m., c. d'Haroué. — 294 hect. de bois. — Fab. de dentelle. »→ Ruines du village de Midreville.

Dieulouard, 1768 hect., 1414 h., sur la Moselle, à 200 m., c. de Pont-à-Mousson, [ST] de la ligne de Frouard à Thionville. — Sources abondantes qui font mouvoir 4 usines et se jettent dans la Moselle. — Glucose; féculerie; filat. de laine. Grande culture de houblon. »→ Ruines d'un château du XIVe au XVIIe s. — Belle église du XVe s.; crypte romane; stalles sculptées. — Dans les environs, ruines informes de la *ville romaine* et du *camp de Scarponne.*

Dieuze, 918 hect. 3104 h., sur un ancien marais qui est aujourd'hui une plaine insalubre arrosée par le Verbach, le Spin et la Seille, à 220 m., ch.-l. de c., arr. de Château-Salins, [ST]. — Salines (*V. Industrie*). »→ Eglise du XVIe s.

Dolcourt, 619 hect., 319 h., sur le versant d'un plateau de 428 m., c. de Colombey.

Dolving, 612 hect., 435 h., à 289 m., c. de Fénétrange (10 kil.). »→ Chapelle romane de Saint-Ulrich.

Dombasle, 1095 hect., 1375 h., sur le Sanon, à 225 m., c. de Saint-Nicolas-du-Port. — Salines; plâtre. »→ Pont de 4 arches. — Eglise (tour du XVe s.). — Ruines d'un château.

Domèvre-en-Haye, 846 hect., 422 h., sur la pente d'une colline de 321 m., ch.-l. de c. arr. de Toul (18 kil.). — 340 hect. de bois.

Domèvre-sur-Vezouse, 1479 hect., 877 h., sur la Vezouse, à 263 m., c. de Blamont. — 302 hect. de bois. — Laine et ouate. »→ Vestiges (XVIe s.) d'une abbaye.

Domgermain, 1251 hect., 1127 h., sur le penchant d'une colline de 382 m., c. de Toul (Sud). — Vins.

Domjevin, 989 hect., 551 h., sur la Vezouse, à 250 m., c. de Blamont. »→ Source appelée Bonne-Fontaine, près de laquelle et bâtie une chapelle dédiée à la Vierge.

Dommarie-Eulmont, 546 hect., 230 h., à 320 m., c. de Vézelise. »→ Château ruiné. — Eglise du XIIIe s.

DOMMARTEMONT, 130 hect., 186 h., sur le penchant d'une colline de 377 m., c. de Nancy (Est). — Ferme-modèle.

DOMMARTIN-LA-CHAUSSÉE, 271 hect., 91 h., à 260 m., c. de Thiaucourt.

DOMMARTIN-LÈS-TOUL, 627 hect., 559 h., sur la Moselle, à 210 m., c. de Toul (Nord). »→ 2 ponts sur la Moselle. — Débris romains.

DOMMARTIN-SOUS-AMANCE, 403 hect., 121 h., à 230 m., c. de Nancy (Est). »→ Beau chœur de l'église (xve s.).

DOMNOM, 663 hect., 302 h., à 220 m., c. de Dieuze.

DOMPTAIL, 316 hect., 102 h., sur le penchant d'une colline de 350 m., c. de Bayon. — Vins estimés. »→ Vestiges d'un village détruit.

DONJEUX, 321 hect., 177 h., à 225 m., c. de Delme. — Hauts-fourneaux, forges, raffineries.

DONNELAY, 1293 hect., 690 h., à 230 m., c. de Vic. — Source ferrugineuse. — Teintureries et filatures.

DROUVILLE, 714 hect., 403 h., au S. de la forêt de Serres, à 245 m., c. de Lunéville (Nord). »→ Ancien château.

ECROUVES-ET-GRANDMÉNIL, 807 hect., 652 h., sur le canal de la Marne au Rhin, à 308 m., c. de Toul (Nord) (5 kil.). — Eaux ferrugineuses curatives. »→ Belle église du XIIIe s.

EINVAUX, 737 hect., 380 h., entre des collines de 342, 316 et 336 m., c. de Bayon, [ST] de la ligne de Blainville à Epinal.

EINVILLE, 1697 hect., 1130 h., sur le Sanonet le canal de la Marne au Rhin, à 225 m., c. de Lunéville (Nord). — 438 hect. de bois. »→ Pont de 3 arches.

EMBERMÉNIL, 1438 hect., 420 h., à 270 m., c. de Blamont, [ST] de la ligne de Paris à Strasbourg. — Source minérale. »→ Vestiges d'une maison de Templiers.

ÉPLY, 1117 hect., 661 h., sur la Seille, à 200 m., c. de Nomeny.

EPVRE (SAINT-), 463 hect., 192 h., à 229 m., c. de Delme.

ERBÉVILLER, 500 hect., 107 h., à 229 m., c. de Saint-Nicolas.

ESSAY-ET-MAIZERAIS, 1301 hect., 743 h., à 220 m, c. de Thiaucourt. »→ Eglise du XIVe s. — Vestiges d'enceinte fortifiée.

ESSEY-LA-CÔTE, 660 hect., 260 h., sur le revers de la côte d'Essey (427 m.), c. de Gerbéviller.

ESSEY-LÈS-NANCY, 365 hect., 754 h., au pied de la butte (277 m.) de Sainte-Geneviève, sur le ruisseau de Grenillon, c. de Nancy (Est). »→ Camp romain. — Eglise du XVe s.; tour du XIIIe s. — Maisons ogivales. — Château du XVe s. converti en ferme.

ÉTREVAL, 236 hect., 197 h., sur le Brenon, à 310 m., c. de Vézelise. »→ Grotte. »→ Château de Gournay (1512).

EULMONT, 797 hect., 562 h., à 237 m., c. de Nancy (Est). — Source ferrugineuse.

EUVEZIN, 1108 hect., 370 h., à 220 m., c. de Thiaucourt. — 504 hect. de bois.

FAULX, 1720 hect., 793 h., à 245 m., c. de Nomeny. — Sources ferrugineuses. »→ Château.

FAVIÈRES, 2949 hect., 1037 h., à 330 m. c. de Colombey. — 875 hect., de bois. — Truffes. — Fab. de boutons de nacre, poterie vernissée. »→ Château ruiné des comtes de Vaudémont.

FAXE, 1553 hect. (avec Fonteny), 141 h., à 250 m., c. de Delme.

FÉCOCOURT, 784 hect., 476 h., sur le Brenon, à 360 m., c. de Colombey.

FÉNÉTRANGE, 1443 hect., 1428 h., sur la Sarre, à 230 m., ch.-l. de c., arr. de Sarrebourg. »→ Eglise (mon. hist.) des XVe et XVIe s. — Vestiges de deux châteaux forts. — Restes de fortifications. — Pont de 3 arches. — Etang poissonneux de Stock.

FENNEVILLER, 299 hect., 225 h., au pied des Vosges, à 320 m., c. de Baccarat.

FERRIÈRES, 616 hect., 230 h., à 345 m., c. de Saint-Nicolas. »→ Château moderne.

FEY-EN-HAYE, 706 hect., 196 h., près de la forêt de Haye, à 360 m., c. de Thiaucourt.

FIRMIN (SAINT-), 656 hect., 497 h., à 310 m., c. d'Haroué. — Fab. de chapeaux de paille.

FLAINVAL, 361 hect., 167 h., à 275 m., c. de Lunéville (Nord).

FLAVIGNY-SUR-MOSELLE, 1726 hect., 1250 h., sur la Moselle, à 233 m., c. de Saint-Nicolas. — 460 hect. de bois. — Fabr. de pointes, d'eau-de-vie.; filat. »→ Pont de 7 arches. — Couvent de Bénédictines avec chapelle ancienne et tour du XIIe s.

FLEISHEIM, 395 hect., 253 h., à 293 m., c. de Fénétrange.

FLÉVILLE, 739 hect., 334 h., à 230 m., c. de Saint-Nicolas. »→ Eglise en partie gothique. — Château flanqué de deux anciennes tours dont l'une a 35 m. de hauteur.

FLIN, 1104 hect., 643 h., sur la

Meurthe, à 270 m., c., de Gerbéviller, halte de la ligne de Lunéville à Saint-Dié. — 321 hect. de bois; belle pierre calcaire. — Fab. d'aiguilles. »→ Prieuré de Mervaville, converti en ferme; il reste de l'église le chœur et une statue de la Vierge, vénérée dans le pays.

Flirey, 1552 hect., 450 h., à 300 m., c. de Thiaucourt. — 600 hect. de bois. »→ Clocher fortifié.

Fontenoy-la-Joute, 1088 hect., 666 h., à 290 m., c. de Baccarat. — Gypse. »→ Chapelle Saint-Pierre, du XIIIe s.

Fontenoy-sur-Moselle, 544 hect., 256 h., sur la Moselle et le canal de la Marne au Rhin, à 230 m., c. de Toul (Nord), [ST] de la ligne de Paris à Strasbourg. »→ Ruines d'un château fort. — Eglise ogivale avec vitraux bien conservés.

Fonteny, 687 hect., 441 h., à 245 m., c. de Delme.

Forcelles-Saint-Gorgon, 535 hect., 248 h., à 326 m., c. de Vézelise. »→ Eglise, tour et chœur du XIIe s. — Voie romaine. — Château ruiné.

Forcelles-sous-Gugney, 536 hect., 317 h., à 315 m., au pied de la côte de Vaudémont, c. de Vézelise. — Marnes. »→ Gouffre où s'engloutissent les eaux d'un bassin assez étendu.

Fossieux, 500 hect., 296 h., à 220 m., c. de Delme.

Foug, 2519 hect., 1309 h., au pied d'une colline de 378 m., c. de Toul (Nord), [ST] de la ligne de Paris à Strasbourg. — 1473 hect. de bois. — Chaux; fabr. de chaînes. »→ Souterrain du canal de la Marne au Rhin, entre la Meuse et la Moselle; deux gares; plusieurs écluses. — Ruines d'un château du XIIIe s.

Foulcrey, 1234 hect., 732 h., à 318 m., c. de Réchicourt. — Étang. »→ Ruines d'édifices détruits par les Suédois.

Fraimbois, 1496 hect., 532 h., à 260 m., c. de Gerbéviller. — Fabr. de vannerie.

Fraisnes-en-Saintois, 624 hect., 305 h., dans une gorge, à 320 m., c. de Vézelise.

Francheville, 835 hect., 404 h., à 215 m., c. de Domèvre. »→ Ruines romaines.

Franconville, 452 hect., 112 h., à 265 m., c. de Gerbéviller.

Fraquelfing, 452 hect., 252 h., à 340 m., c. de Lorquin. »→ Dans l'église, chaire sculptée par Labroise.

Fréménil, 303 hect., 295 h., sur la Vezouse, à 252 m., c. de Blâmont.

Frémery, 441 hect., 248 h., sur la Nied française, à 238 m., c. de Delme.

Frémonville, 1392 hect., 625 h., à dr. de la Vezouse, à 290 m., c. de Birmont. — 648 hect. de bois. — Minerai de fer; scierie pour allumettes; tuilerie. »→ Château du XIVe s.

Fresnes-en-Saulnois, 1290 hect., 512 h., à 270 m., c. de Château-Salins.

Fribourg-l'Évêque, 1370 hect., 411 h., à 230 m., c. de Réchicourt. — Carrière de plâtre. — Broderies. »→ Anciens retranchements.

Frimbolle (La), 1072 hect., 796 h., au pied des Vosges, à 325 m., c. de Lorquin. — 409 hect. de bois.

Frolois, 966 hect., 733 h., à 295 m., c. de Vézelise. »→ Ruines d'un vieux château. — Eglise du XVe s. — Maisons du XVIe s.

Frouard, 1280 hect., 1576 h., sur la rive dr. de la Moselle, un peu au-dessus du confluent de la Meurthe, à 220 m., près du canal de la Marne au Rhin, à 328 m., c. de Nancy (Nord), [ST] de la ligne de Paris à Strasbourg, bifurcation sur Metz. — Minerai de fer. — Hauts fourneaux. »→ Beau pont de 7 arches (1781). — Pont en fer de 4 arches sur le chemin de fer. — Eglise, chœur gothique. (1534). Croix en pierre sculptée — (XIVe ou XVe s.), haute de 8 m., sur la place. — Ruines d'un château fort du XIIIe s. — Débris de l'ermitage Saint-Jean.

Froville, 584 hect., 248 h., sur l'Euron, à 262 m., c. de Bayon.

Garde (La), 2199 hect., 769 h., sur le Sanon et le canal de la Marne au Rhin, à 250 m., c. de Vic. — 805 hect. de bois.

Garrebourg, 798 hect., 659 h., sur une colline de 390 m., c. de Phalsbourg.

Gélacourt, 432 hect., 220 h., c. de Baccarat, au pied d'une colline de 346 m.

Gelaucourt, 225 hect., 109 h., à 310 m., c. de Colombey.

Gellenoncourt, 351 hect., 99 h. à 246 m., c. de Saint-Nicolas.

Gélucourt, 1091 hect., 601 h., à 220 m., c. de Dieuze, [ST] de la ligne d'Avricourt à Dieuze.

Gémonville, 902 hect., 441 h., dans une vallée bordée de collines de 400 à 439 m., c. de Colombey. »→ Gouffre où se perd le ruisseau de Vicherey, qui ne reparait qu'à Pierre pour se jeter dans la Moselle, sous le nom de Bourade.

GENEVIÈVE (SAINTE-), 713 hect., 503 h., sur le penchant d'une colline, à 326 m., c. de Pont-à-Mousson. »→ Vestiges d'un camp d'Attila.

GEORGES (SAINT-), 784 hect., 412 h., près de l'étang de Gondrexange, à 305 m., c. de Réchicourt.

GERBÉCOURT, 217 hect., 264 h., à 260 m., c. de Château-Salins.

GERBÉCOURT-ET-HAPLEMONT, 509 hect., 223 h., sur le Madon, à 240 m., c. d'Haroué. »→ Eglise des XIIe et XVe s.

GERBÉVILLER, 2327 hect., 2076 h., sur la Mortagne, à 250 m., ch.-l. de c., arr. de Lunéville (13 kil.). — Mégisserie, bonneterie, carr. de pierres dures. — Houblon, eaux-de-vie; brasserie. »→ Beau château moderne (escalier remarquable). — Petite chapelle de la Vierge, près d'une fontaine qui jouit, dit-on, de propriétés médicinales. — Maison du XVe s. — Ruines de deux portes de l'ancienne enceinte.

GERMAIN (SAINT-), 753 hect., 350 h., sur une hauteur, à la lisière de la forêt de Charmes, à 370 m., c. de Bayon. »→ Château moderne.

GERMINY, 1164 hect., 515 h., à 310 m., c. de Colombey. »→ Église en partie du XIIIe s. — Ruines de trois châteaux.

GERMONVILLE, 503 hect., 253 h., c. d'Haroué.

GEZONCOURT, 533 hect., 213 h., sur l'Ache, à 220 m., c. de Domèvre »→ Château de Lavaux.

GIBEAUMEIX, 767 hect., 336 h., à 265 m., c. de Colombey. »→ Restes d'un château. — Eglise des XIIe et XVIIIe s.

GIRIVILLER, 770 hect., 269 h., à 230 m., c. de Gerbéviller.

GIVRICOURT, 273 hect., 212, h., à 235 m., c d'Albestroff.

GLONVILLE, 1858 hect., 686 h., sur la Meurthe, à 260 m., c. de Baccarat — 664 hect. de bois, carr. de plâtre.

GOGNEY, 879 hect., 257 h., à 280 m., c. de Blamont. — Minerai de fer. — Filature de laine.

GONDREVILLE, 2498 hect. 1466 h., sur la Moselle, à 220 m., c. de Toul. (Nord) »→ Fontaine des Trois-Saints, pèlerinage. — Vestiges d'un château (belle porte fortifiée), construit sur un autre plus ancien qu'habitèrent des rois Carlovingiens.

GONDREXANGE, 2930 hect., 1028 h., au S. de l'étang de même nom, et sur le canal de la Marne au Rhin, à 270 m., c. de Réchicourt. — 923 hect. de bois, étangs, dont l'un, vaste de 163 hect., et environné de forêts (270 m. d'altit.), est traversé par le canal de la Marne au Rhin et s'écoule dans la Sarre.

GONDREXON, 249 hect., 111 h., à 275 m., c. de Blamont.

GOSSELMING, 813 hect., 648 h., sur la Sarre, à 240 m., c. de Fénétrange.

GOVILLER, 1211 hect., 686 h., au pied du mont d'Anon (439 m.), c. de Vézelise. — Tuilerie.

GRÉMECEY, 878 hect., 213 h., à 230 m., c. de Château-Salins.

GRIMONVILLER, 478 hect., 259 h., sur le versant d'un plateau de 475 m., à la source du Brenon, c. de Colombey. »→ Eglise romane.

GRIPPORT, 517 hect., 426 h., sur la Moselle, au pied d'un plateau de 110 à 130 m. de haut. c. d'Haroué. — Plâtre. »→ Débris romains. — Ruines d'une église.

GRISCOURT, 374 hect., 158 h., sur l'Ache, à 205 m., c. de Domèvre. »→ Ancienne tour à l'église.

GROSROUVRES, 450 hect., 179 h., sur l'Ache. à 235 m., c. de Domèvre.

GUÉBESTROFF, 376 hect., 73 h., à 215 m., c. de Dieuze.

GUÉBLANGE, 479 hect., 280 h., à 207 m., c. de Dieuze. »→ Restes d'un ancien château.

GUÉBLING, 673 hect., 344 h., à 225 m., c. de Dieuze. »→ Ruines de Récling. — Source abondante.

GUÉNESTROFF, 450 hect., 517 h., à 215 m., c. de Dieuze.

GUERMANGE, 1848 hect., 489 h., à l'O. de l'étang de Lindre, à 215 m., c. de Réchicourt.

GUGNEY, 267 hect., 192 h., à 320 m., c. de Vézelise. »→ Le chœur de l'église date du XIIIe s.

GUINZELING, 477 hect., 198 h., à 240 m., c. d'Albestroff.

GUNTZWILLER, 524 hect., 413 h., à 310 m. c. de Phalsbourg.

GYE, 629 hect., 230 h., sur le Poisson, à 238 m., c. de Toul (Sud).

HABLAINVILLE, 758 hect., 466 h., près de la forêt de Mondon, à 290 m., c. de Baccarat.

HABOUDANGE, 1050 hect., 469 h., sur la Petite-Seille, à 220 m., c. de Château-Salins. »→ Ruines du château de la Moutelotte.

HAIGNEVILLE, 278 hect., 120 h., à 300 m., c. de Bayon. »→ Nombreux tombeaux gallo-romains.

HALLOVILLE, 365 hect., 170 h., sur le versant d'un plateau de 325 à 335 m., c. de Blamont.

HAMMEVILLE, 544 hect., 184 h., à 300 m., c. de Vézelise. ⟫→ Ruines du village de Hardéval. — Château.

HAMONVILLE, 657 hect., 116 h., sur l'Ache, à 230 m., c. de Domèvre.

HAMPONT, 1106 hect., 432 h., sur la Petite-Seille, à 215 m., c. de Château-Salins.

HANGWILLER, 450 hect., 375 h., à 221 m., c. de Phalsbourg.

HANNOCOURT, 185 hect., 61 h., à 250 m., c. de Delme.

HARAUCOURT, 1247 hect., 878 h., à 230 m., c. de Saint-Nicolas. — Chaux très-estimée. ⟫→ 2 tours d'un ancien manoir. — Ruines d'un village.

HARAUCOURT-SUR-SEILLE, 630 hect., 387 h., à 210 m., c. de Château-Salins.

HARBOUÉ, 1018 hect., 494 h., à 310-320 m., c. de Blamont.

HAROUÉ, 413 hect., 550 h., sur le Madon, à 246 m., ch.-l. de c., arr. de Nancy. ⟫→ Château moderne (*V. Antiquités.*)

HARREBERG, 630 hect. 269 h., au milieu des forêts de Dabo, à 460 m., c. de Sarrebourg. — Verrerie. ⟫→ Ruines.

HARTZWILLER, 268 hect. 745 h., à 285 m., c. de Sarrebourg.

HATTIGNY, 1324 hect., 479 h., à 344 m., c. de Lorquin. ⟫→ Clocher fortifié du XIIe ou XIIIe s.

HAUDONVILLE, 787 hect., 118 h., sur la Mortagne, à 240 m., c. de Gerbéviller.

HAUSSONVILLE, 1117 hect., 506 h., dans un vallon, à 280 m., c. de Bayon. — Fabr. d'appareils orthopédiques. ⟫→ Restes d'un château.

HAUT-CLOCHER, 774 hect., 396 h., sur le Landbach, à 260 m., c. de Sarrebourg.

HAYE-DES-ALLEMANDS (LA), 132 hect., 185 h., à 370 m., c. de Réchicourt.

HAZELBOURG, 610 hect., 546 h., à la lisière des forêts de Dabo, au sommet d'une colline de 426 m., dominant la Zorn, c. de Phalsbourg. ⟫→ Voie romaine. — Ruines d'une ancienne église.

HEILLECOURT, 364 hect., 285 h., à 245 m., c. de Nancy (Ouest). — Fontaine ferrugineuse. ⟫→ Eglise du XVe s.

HELLERING, 390 hect., 369 h., sur la Briche, à 250 m., c. de Fénétrange.

HELLOCOURT, 360 hect., 39 h., près d'un étang, à 260 m., c. de Vic. — Etangs.

HÉMING, 355 hect., 476 h., près du canal de la Marne au Rhin, à 287 m., c. de Lorquin, [ST] de la ligne de Paris à Strasbourg. ⟫→ Clocher du XVe s.

HÉNAMÉNIL, 1421 hect., 555 h., sur le Sanon, à 235 m., près du canal de la Marne au Rhin, c. de Lunéville (Sud-est).

HENRIDORFF, 731 hect., 750 h., sur une hauteur, près du canal de la Marne au Rhin, à 360 m., c. de Phalsbourg.

HÉRANGE, 272 hect., 161 h., à 285 m., c. de Phalsbourg. — Étang. ⟫→ Eglise de 1565.

HERBÉVILLER, 812 hect., 510 h., au confluent de la Blette et de la Vezouse, à 265 m., c. de Blamont. ⟫→ Beau château moderne. — Ruines du château de Launoy.

HÉRIMÉNIL, 1248 hect., 491 h., à 235 m., près de la rive g. de la Meurthe, c. de Gerbéviller. — 512 hect. de bois.

HERMELANGE, 249 hect., 201 h., au confluent de la Rouge-Eau et de la Sarre Blanche, à 270 m., c. de Lorquin. ⟫→ Vestiges d'un temple ancien. — Ruines d'un château fort.

HERTZING, 160 hect, 243 h., sur le ruisseau de Gondrexange, 275 m., c. de Réchicourt.

HESSE, 1284 hect., 670 h., à 280 m., c. de Sarrebourg. — 432 hect. de bois. ⟫→ Église remarquable du XIe s.; tombeau roman remarquable.

HILBESHEIM, 753 hect., 528 h., à 270 m., c. de Fénétrange. ⟫→ Débris d'un château fort.

HOÉVILLE, 851 hect., 388 h., à 263 m., c. de Lunéville (Nord).

HOFF, 947 hect., 530 h., sur la Sarre, à 245 m., c. de Sarrebourg.

HOMMARTING, 1010 hect., 732 h., à 280 m., sur le canal de la Marne au Rhin, c. de Sarrebourg. — Carrières de grès rouge et gris, bel étang. ⟫→ Tunnel (*V.* ARSCHWILLER).

HOMMERT, 348 hect., 539 h., dans les forêts de Dabo à 440 m., c. de Sarrebourg. ⟫→ Ruines de deux châteaux forts.

HOUDELMONT, 385 hect., 211 h., à 280 m., c. de Vézelise.

HOUDEMONT, 362 hect., 326 h., près de la forêt de Haye, à 250 m., c. de Nancy (Ouest). ⟫→ Eglise du XIe s.

HOUDREVILLE, 1035 hect., 654 h., à 320 m., c. de Vézelise. — Vins. ⟫→ Débris romains.

HOUSSELMONT, 138 hect., 44 h., sur le penchant d'une colline de 415 m., c. de Colombey. ⟫→ Chapelle du XVIe s.; but de pèlerinage.

Housséville, 531 hect., 354 h., à 310 m., c. d'Haroué.

Hudiviller, 298 hect., 320 h., à 255 m., c. de Lunéville (Nord).

Hultenhausen, 429 hect., 483 h., sur une montagne entourée de forêts, à 400 m., c. de Phalsbourg.

Hunskirich, 656 hect., 443 h., à 250 m., c. d'Albestroff.

Ibigny, 461 hect., 228 h., à 310 m., c. de Réchicourt. — Faïence.

Igney, 470 hect., 191 h., à 360 m., c. et ✉ de Réchicourt. »→ Château.

Imling, 645 hect., 717 h., sur la Sarre, à 257 m., c. de Sarrebourg.

Insming, 721 hect., 775 h., à 220 m., c. d'Albestroff.

Inswiller, 429 hect., 442 h., près d'un étang, à 225 m., c. d'Albestroff.

Jaillon, 747 hect., 252 h., à 246 m., c. de Domèvre. »→ Voie et camp romains.

Jallaucourt, 833 hect., 502 h., 288 m., c. de Delme.

Jarville, 233 hect., 809 h., sur le canal de la Marne au Rhin, à 202 m., c. de Nancy (Ouest). — Fab. de draps, broderies et vinaigres, produits chimiques, cardes et machines à filat.; 2 hauts-fourneaux; poterie; féculerie. »→ Château de la Grande-Malgrange. bâti par Stanislas Leczinski, et transformé plus tard en maison de santé et en pensionnat. — Débris d'une ancienne chapelle castrale.

Jaulny, 689 hect., 508 h., à 200 m., c. de Thiaucourt. »→ Ancien château.

Jean-Courtzerode ou Kourtzerode (Saint-), 154 hect., 145 h., à 310 m., c. de Phalsbourg.

Jean-de-Bassel (Saint-), 597 hect., 402 h., à 260 m., c. de Fénétrange.

Jeandelaincourt, 436 hect., 385 h., à 220 m., à la base d'un pic de 187 m. de haut., c. de Nomeny.

Jevoncourt, 328 hect., 162 h., sur le Madon, à 260 m., c. d'Haroué.

Jezainville, 1819 hect., 656 h., sur l'Ache, à 215 m., c. de Pont-à-Mousson.

Jolivet, 719 hect., 515 h., à 250 m., c. de Lunéville (Sud-est).

Juvelise, 747 hect., 395 h., à 230 m., c. de Vic.

Juville, 589 hect., 323 h., à 300 m., c. de Delme.

Juvrecourt, 610 hect., 231 h., à 240 m., c. de Vic. »→ Eglise ogivale.

Kerprich-aux-Bois, 809 hect., 347 h., près de l'étang et de la forêt de Stock, à 290 m., c. de Sarrebourg.

Kerprich-lès-Dieuze, 648 hect., 365 h., à 215 m., c. de Dieuze. — Sources salées.

Lagney, 1433 hect., 677 h., sur le penchant d'une colline de 371 m., c. de Toul (Nord). — Vins. »→ Trou-des-Fées, où s'engloutissent les eaux d'un vallon.

Laître-sous-Amance, 510 hect., 317 h., sur le revers du Grand-Mont (410 m.), c. de Nancy (Est). »→ Eglise romane (*V. Antiquités*).

Lalœuf, 1087 hect., 502 h., à 310 m., c. de Vézelise. »→ Eglise de Puxe; chœur et tour, XIIe s.; nef, XVe s.

Lamath, 560 hect., 207 h., sur la Mortagne, à 230 m., c. de Gerbéviller (6 kil.), arr. de Lunéville.

Landange, 484 hect., 335 h., à 310 m., c. de Lorquin.

Landécourt, 581 hect., 223 h., au pied de collines de 316 à 342 m., c. de Bayon. — Fabr. de chaînes d'acier.

Landremont, 551 hect., 252 h., sur le penchant d'une colline de 394 m., c. de Pont-à-Mousson. »→ Vestiges d'un camp d'Attila.

Lanfroicourt, 619 hect., 306 h., sur la Seille, à 220 m., c. de Nomeny.

Langatte, 1295 hect., 760 h., à 260 m., près de l'étang de Stock, c. de Sarrebourg. — Tour de Stock près de l'étang.

Languimberg, 1838 hect., 583 h., à 389 m., c. de Réchicourt. — Broderies sur tulle. »→ Ruines d'un ancien couvent et du village de Nidrequin détruit par les Suédois.

Laronxe, 682 hect., 550 h., à la lisière de la forêt de Mondon, à 251 m., c. de Lunéville (Sud-est).

Laxou, 1584 hect., 2755 h., à 253 m., sur le versant E. du plateau de la forêt de Haye, c. de Nancy (Nord.) — A Maréville hospice d'aliénés important. — Carrières. »→ Dans l'église, fresques intéressantes des XVe et XVIe s.

Lay-Saint-Christophe, 1160 hect., 1045 h., dominé par un plateau de 332 à 405 m., c. de Nancy (Est), hospice. — Fabr. de sel ammoniac. »→ Eglise (chœur remarquable du XIIe s.).

Lay-Saint-Remy, 379 hect., 387 h., au pied d'une colline de 376 m., sur le canal de la Marne au Rhin, c. de Toul (Nord). — Tourbières.

Lebeuville, 661 hect., 309 h., à 300 m., c. d'Haroué.

Leintrey, 1542 hect., 609 h., à 272 m., dans un beau vallon, c. de Blamont.

Lemainville, 474 hect., 400 h., sur le Madon, à 235 m., c. d'Haroué.

Lemoncourt, 531 hect., 201 h., à 275 m., c. de Delme. »→ Eglise très-ancienne.

Léning, 667 hect., 374 h., à 230 m., c. d'Albestroff.

Lenoncourt, 531 hect., 500 h., à 235 m., c. de Saint-Nicolas. »→ Voie romaine. — Château.

Lesse, 826 hect., 403 h., à 235 m., c. de Delme. — 300 hect. de bois. »→ Deux châteaux.

Létricourt, 727 hect., 405 h., à 238 m., c. de Nomeny.

Ley, 612 hect., 312 h., à 225 m., c. de Vic. — Saline de Saléaux. »→ Ruines d'un château fort.

Leyr, 1074 hect., 743 h., au pied d'un plateau de 406 m., c. de Nomeny.

Lezey, 743 hect., 286 h., à 220 m., c. de Vic.

Lhor, 448 hect., 390 h., à 230 m., près du canal des salines, c. d'Albestroff.

Lidrequin, 331 hect., 69 h., à 232 m., c. de Château-Salins.

Lidrezing, 1000 hect., 361 h., à 290 m., c. de Dieuze. — Marbre et grès ferrugineux.

Limey, 405 hect., 287 h., à 305 m., c. de Thiaucourt. »→ Dans l'église, bon tableau de l'école italienne (*Le Christ et saint Thomas*).

Lindre-Basse, 1065 hect., 362 h., près de l'endroit où la Seille sort de l'étang de Lindre, à 215 m., c. de Dieuze. — Sources salées.

Lindre-Haute, 210 hect., 143 h., à 240 m., c. de Dieuze. »→ Bénitier formé d'un chapiteau antique. — Voies romaines

Liocourt, 312 hect., 267 h., sur le penchant de la côte de Delme (400 m.), c. de Delme.

Lironville, 876 hect., 269 h., à 320 m., c. de Thiaucourt.

Liverdun, 2556 hect., 1274 h., sur une colline escarpée que baigne la Moselle, près du canal de la Marne au Rhin, à 240 m., c. de Domèvre, [ST] de la ligne de Paris à Strasbourg. — 890 hect. de bois. — Mines de fer; hauts-fourneaux. »→ Eglise (XIIIe s.) V. *Antiquités*). — Débris d'un château rasé en 1457. — Tour en ruines, près de la porte d'En-Haut. — Maison du Gouverneur (XVe s.). — Sur la route de Saizerais, croix de Saint-Eucaire (1289), sculptée. — Le canal de la Marne au Rhin traverse la colline de Liverdun dans un souterrain en plein cintre de 500 m. de long et de 8 m. d'ouverture; de profondes tranchées précèdent et suivent ce tunnel. 40 m. plus loin, le canal franchit la Moselle sur un pont en pierre de 175 m. de long et de 10 de haut (12 arches plein cintre). — Deux autres ponts, sur la Moselle, pour le passage du chemin de fer de l'Est, se composent chacun de 5 arches en plein cintre de 24 m. d'ouverture. — Dans la vallée de la Moselle, Trou-des-Fées, colline du Saut-du-Cerf, vallon dit Vaux-de-M'selle, curiosités naturelles auxquelles se rattachent des légendes.

Lixheim, 418 hect., 866 h., à 275 m., c. de Phalsbourg. — 890 hect. de bois. — Fabr. de bonneterie et de gants.

Lixières, 637 hect., 272 h., au pied du Mont-Toulon, à 220 m., c. de Nomeny.

Loisy, 561 hect., 327 h., sur la rive dr. de la Moselle, au pied d'une colline de 394 m., c. de Pont-à-Mousson.

Lorey, 532 hect., 253 h., à dr. de la Moselle, dont la sépare l'Euron, à 230 m., c. de Bayon. »→ Dans l'église, vitraux anciens.

Loro-Montzey, 747 hect., 319 h., 280 m., c. de Bayon.

Lorquin, 873 hect., 1035 h., près de la Sarre-Blanche, à 280 m., ch.-l. de c. »→ Maisons de la fin du XVIe s. — Château de Zuflald. — Voie romaine.

Lostroff, 492 hect., 223 h., à 240 m., c. d'Albestroff.

Loudrefing, 806 hect., 710 h., à 250 m., c. d'Albestroff. — 1418 hect. de bois; étang.

Louis (Saint-), 894 hect., 869 h., à 367 m., c. de Phalsbourg. — 441 hect. de bois.

Lubécourt, 315 hect., 169 h., à 240 m., c. de Château-Salins (3 kil.), 9 kil. de Vic. »→ Ruines d'un village détruit par les Suédois.

Lucey, 1051 hect., 806 h., à 260 m., entre deux collines de 111 et 124 m. de haut., c. de Toul (Nord).

Lucy, 736 hect., 556 h., à 245 m., c. de Delme.

Ludres, 817 hect., 506 h., au pied du plateau de la forêt de Haye, à 281 m., c. de Nancy. »→ Château moderne; belle galerie de tableaux. — Camp romain remarquable, dit Cité ou Camp d'Afrique.

Lunéville, 1633 hect., 15184 h., au confluent de la Meurthe et de la Vezouse, à 234 m., par 48° 35' 35" de latit. et 4° 6' 22" de long E., 30 kil. de Nancy, [ST] des lignes de Paris à Saint-Dié, ch.-l. d'arr. et de 2 c. — Nombreux établissements industriels et commerce important. ⟫→ Eglise Saint-Jacques (*V. Antiquités.*) — Eglise Saint-Maur (1854, bon style du XIIe s.). — Château (*V. Antiquités.*) — Manége couvert (100 m. de longueur sur 27 m. de largeur), l'un des plus vastes de France. — Caserne de l'Orangerie. — Champ-de-Mars (plus de 200 hect. de superficie).

LUPCOURT, 694 hect., 252 h, sur le Frahaux, à 256 m., c. de Saint-Nicolas.

LUTZELBOURG, 577 hect., 581 h., dans la vallée de la Zorn, dominée par des collines de 320 à 400 m., c. de Phalsbourg, [ST] de la ligne de Paris à Strasbourg. — Source minérale. ⟫→ Château ruiné (*V. Antiquités*). — Tunnel (432 m.) du chemin de fer de l'Est. — Sites extrêmement pittoresques.

MAGNIÈRES, 1157 hect., 712 h., sur la Mortagne, à 271 m., c. de Gerbéviller. ⟫→ Ruines de 2 châteaux forts.

MAIDIÈRES, 178 hect., 340 h., près de la forêt de Puvenelle, à 185 m., c. de Pont-à-Mousson.

MAILLY, 640 hect., 583 h., sur la Seille, à 220 m., c. de Nomeny. ⟫→ Ancien château (XIIIe s.); 3 tours bien conservées. — Dans le bois, chêne de la Vierge, but de pèlerinage.

MAIXE, 933 hect., 371 h., sur le Sanon et le canal de la Marne au Rhin, à 230 m., c. de Lunéville.

MAIZIÈRES, 2220 hect., 1248 h., à 230 m., c. de Vic, [ST]. — Carrières de plâtre. — Fromages.

MAIZIÈRES-LÈS-TOUL, 285 hect., 537 h., au pied de la Plaine-Sainte-Barbe (400 m.), c., de Toul (Sud). — 539 hect. de bois. ⟫→ Restes d'un ancien château occupé par une ferme.

MALAUCOURT, 705 hect., 375 h., à 230 m., c. de Delme. ⟫→ Ruines du village de Vrécourt.

MALLELOY, 477 hect., 324 h., à 220 m., c. de Nomeny.

MALZÉVILLE, 483 hect., 1967 h., sur la Meurthe, au pied d'une colline boisée de 369 m., c. de Nancy. — Carr. de pavés, minerai de fer. — Fabr. de produits chimiques. — Tumuli. ⟫→ Pont de 13 arches (1498). — Eglise du XVe s. — Maison gothique.

MAMEY, 915 hect., 350 h., à 325 m., c. de Domèvre.

MANDRES-AUX-QUATRE-TOURS, 1024 hect., 456 h., à 212 m., c. de Domèvre. — 418 hect. de bois. ⟫→ Château moderne. — Ruines d'un château fort.

MANGONVILLE, 384 hect., 313 h., sur la Moselle, au pied d'une colline de 110 m., de haut., c. d'Haroué.

MANHOUÉ, 405 hect., 338 h., sur la Seille, à 200 m., c. de Château-Salins. ⟫→ Voie romaine. — Ancien château.

MANONCOURT-EN-VERMOIS, 1047 hect., 220 h., à 280 m, c. de Saint-Nicolas.

MANONCOURT-EN-VOIVRE, 652 hect., 300 h., sur le Terrouin, à 221 m., c. de Domèvre. ⟫→ Vestiges gallo-romains.

MANONCOURT-SUR-SEILLE, 382 hect., 257 h., à 195 m., c. de Nomeny.

MANONVILLE. 936 hect., 324 h., à 250 m., c. de Domèvre. ⟫→ Pont de 4 arches.

MANONVILLER, 697 hect., 358 h., c. de Lunéville. — Vins estimés.

MARAINVILLER, 1702 hect., 762 h., sur la Vezouse, à 240 m., c. de Lunéville, [ST] de la ligne de Paris à Strasbourg. ⟫→ Pont et chaussée du chemin de fer, traversant la vallée de la Vezouse; sous ce pont, écho répétant deux fois les syllabes.

MARBACHE, 1079 hect., 880 h., séparé de la rive g. de la Moselle par le chemin de fer, c. de Nancy, [ST] de la ligne de Frouard à Metz. — 541 hect. de bois. — Mines de fer; haut-fourneau.

MARD (SAINT-), 295 hect., 122 h., au pied d'une colline de 350 m., sur la Moselle, c. de Bayon.

MARIMONT, 399 hect., 154 h., sur la crête d'une colline de 335 m., c. d'Albestroff.

MARON, 1875 hect., 649 h., sur la Moselle, à 215 m., c. de Nancy. — Vins; mines de fer.

MARSAL, 1019 hect., 931 h., dans une plaine marécageuse, riche en sources salées, arrosée par la Seille, à 204 m., c. de Vic; place de guerre de 3e cl. ⟫→ Briquetage de la Seille (mon. hist.), chaussée romaine en argile cuite, établie sur les marais.

MARTHEMONT, 216 hect., 80 h., à 290 m., c. de Vézelise. ⟫→ Ancienne chapelle, but de pèlerinage.

MARTHIL, 1005 hect., 519 h., près des sources de la Nied française, à 255 m., c. de Delme.

MARTIN (SAINT-), 470 hect., 237 h., près du confluent de la Blette et de la Vezouse, à 260 m., c. de Blamont. ⟫→ Pèlerinage à la côte de la Chapelle.

MARTINCOURT, 1060 hect., 272 h., dans un vallon dominé par des collines de 300 à 350 m., c. de Domèvre. — 360 hect. de bois. ⟫→ Restes d'un château fort.

MATTEXEY, 497 hect., 197 h., entre des collines de 320 à 357 m., c. de Gerbéviller.

MAURICE (SAINT-), 329 hect., 200 h., à 286 m., c. de Baccarat. — Forge.

MAX (SAINT-), 181 hect., 430 h., au pied d'une colline de 377 m., c. de Nancy.

MAXÉVILLE, 585 hect., 947 h., entre deux collines boisées de 330 et 312 m., près du canal de la Marne au Rhin, à l'E. de la forêt de Haye, c. de Nancy. — Minerai de fer. — Colonie agricole et pénitentiaire de Gentilly. »→ Eglise ogivale. — Châteaux ruinés, dans l'un desquels fut enfermé Ferry III (*V.* p. 32.)

MAZERULES, 554 hect., 316 h., à 220 m., c. de Château-Salins.

MÉDARD (SAINT-), 1003 hect., 369 h., à 240 m., c. de Dieuze. — Moulins à plâtre. »→ Voie romaine.

MEHONCOURT, 786 hect., 357 h., sur le penchant d'une colline de 350 m., c. de Bayon.

MÉNIL-LA-TOUR, 881 hect., 305 h., à 231 m., c. de Toul (Nord).

MÉNIL-MITRY (LE), 345 hect., 64 h., à 225 m., c. d'Haroué.

MÉNILLOT, 25 hect., 290 h., à 250 m., c. de Toul (Sud). »→ Chapelle du XIIIe s.

MÉNILS (LES), 1084 hect., 476 h., sur le penchant d'une colline de 365 m., c. de Pont-à-Mousson. »→ Voie romaine de Metz à Scarponne.

MÉRÉVILLE, 834 hect., 276 h., à 230 m., c. de Nancy (Ouest).

MERVILLER, 826 hect., 765 h., à 280 m., c. de Baccarat. — 454 hect. de bois. — Pierres de taille renommées.

MESSEIN, 506 hect., 240 h., à 255 m., au pied des rochers abrupts de Saint-Joseph (388 m.), c. de Nancy (Ouest).

MÉTAIRIES-DE-SAINT-QUIRIN, 956 hect., 405 h., à 318 m., c. de Lorquin. — Briqueterie importante.

METTING, 520 hect., 407 h., à 240 m., c. de Phalsbourg.

MIGNÉVILLE, 570 hect., 347 h., à 270 m., c. de Baccarat.

MILLERY, 749 hect., 517 h., sur la Moselle, à 195 m., c. de Pont-à-Mousson. — Vin de Creux estimé.

MINORVILLE, 1265 hect., 393 h., à 240 m., c. de Domèvre. »→ Église ogivale fortifiée (mon. hist.).

MITTELBRONN, 753 hect., 814 h., à 300-320 m., c. de Phalsbourg.

MITTERSHEIM, 1799 hect., 1029 h., à 230 m., sur un étang, c. de Fénétrange.

MOIVRON, 600 hect., 487 h., dominé par une colline de 407 m., c. de Nomeny. — Vins estimés.

MOLRING, 191 hect., 89 h., à 260 m., c. d'Albestroff.

MONCEL-LÈS-LUNÉVILLE, 2190 hect., 322 h., à l'O. de la forêt de Mondon, sur la Meurthe, à 238 m., c. de Lunéville (Sud-est). — 1160 hect., de bois.

MONCEL-SUR-SEILLE, 1255 hect., 631 h., à 205 m., c. de Château-Salins. — 593 hect. de bois.

MONCOURT, 644 hect., 278 h., 284 m., c. de Vic.

MONT-L'ÉTROIT, 640 hect., 217 h., à 390 m., c. de Colombey. »→ Eglise romane.

MONT-LE-VIGNOBLE, 360 hect., 433 h., sur la pente d'une colline de 398 m., c. de Toul (Sud). »→ Ermitage Saint-Fiacre.

MONT-SUR-MEURTHE, 827 hect., 411 h., au confluent de la Meurthe et de la Mortagne, à 220 m., c. de Gerbéviller. — Vastes carr. de pierre calcaire, d'argile et de sable fossile.

MONTAUVILLE, 1619 hect., 661 h., à 245 m., c. de Pont-à-Mousson.

MONTDIDIER, 117 hect., 185 h., à 306 m., c. d'Albestroff.

MONTENOY, 398 hect., 250 h., à 247 m., c. de Nomeny.

MONTIGNY, 596 hect., 290 h., à 273 m., c. de Baccarat.

MONTREUX, 382 hect., 198 h., à 395 m., c. de Blamont.

MOREY, 326 hect., 231 h., sur le versant d'un plateau de 390 m., c. de Nomony. »→ Retranchements attribués à Attila.

MORIVILLER, 723 hect., 300 h., sur le penchant d'une colline de 337 m., c. de Gerbéviller.

MORVILLE-LÈS-VIC, 801 hect., 350 h., à 240 m., c. de Château-Salins. — Carrières de pierre calcaire.

MORVILLE-SUR-NIED, 564 hect., 474 h., à 250 m., c. de Delme.

MORVILLE-SUR-SEILLE, 525 hect., 364 h., sur un coteau de 220 m. dominant la Seille, c. de Pont-à-Mousson.

MOUACOURT, 850 hect., 237 h., sur la rive g. du Sanon, à 235 m., c. de Lunéville (Sud-est).

MOUSSEY, 766 hect., 509 h., à g. du Sanon, à 255 m., c. de Réchicourt, [ST] de la ligne d'Avricourt à Dieuze.

MOUSSON, 573 hect., 187 h., sur une colline de 386 m, dominant la Moselle de 200 m., c. de Pont-à-Mousson. — Eaux minérales. »→ Retranchements romains. — Restes d'un château avec chapelle du XIe s. (*V. Antiquités.*)

MOUTROT, 726 hect., 219 h., à 241 m.,

c. de Toul (Sud). »→ Voie romaine. — Trou-de-Diane, sorte de gouffre dans le cours de la Bouvade. — Dans l'église tableau remarquable.

Moyen, 2356 hect., sur la rive dr. de la Mortagne, à 260 m., c. de Gerbéviller. — Ruines d'un château du xve s. (mon. hist.).

Moyenvic, 1038 hect., 931 h., sur la Seille, à 202 m., c. de Vic. — Sources d'eau salée. »→ Briquetage de la Seille. (*V. Antiquités*).

Mulcey, 826 hect., 414 h., à 210 m., c. de Dieuze.

Munster, 659 hect., 555 h., à 220 m, c. d'Albestroff. »→ Eglise consacrée en 1327; tombeau (1335) du fondateur, Wilhelm de Torschwiller.

Nancy, 1405 hect., 49993 h., sur le canal de la Marne au Rhin et dans une plaine arrosée par la Meurthe, à 200-220 m., par 48° 31' 41" de latit. et 3° 51' de long. E., à 410 kil. de Paris, ST de la ligne de Paris à Strasbourg, ch.-l. du départ., d'un arr. et de 3 c., (pour les administrations. V. p. 38.) — Minerai de fer. — Marbre jaspé, pierres de taille. — Source ferrugineuse. — Commerce important : il a pour principal objet les broderies sur tissus de lin et de coton; fabr. de draps; filat. de coton.

Nancy est divisée en ville vieille et en ville neuve. Elle possède deux *places* (*Carrière* et *Stanislas*) comptées parmi les plus belles de l'Europe. — La ville neuve est percée de rues larges et régulières bordées de maisons élégantes et de beaux édifices modernes. — *Cathédrale* moderne (1703-1742) — *Eglise des Cordeliers* (1482-1487); tombeaux de plusieurs ducs de Lorraine. — *Eglise Bon-Secours*, etc. (*V. Antiquités*). — Magnifiques promenades. — Deux ponts sur la Meurthe.

Nébing, 726 hect., 364 h., à 240 m., c. d'Albestroff.

Neufmaisons, 765 hect., 694 h., entre la forêt du Grand-Clos et la forêt des Elieux, à 321 m., c. de Baccarat. »→ Enceinte de pierres amoncelées ayant formé un temple païen.

Neufmoulin, 192 hect., 58 h., à 270 m., c. de Lorquin.

Neufvillage, 59 hect., 157 h., à 225 m., c. d'Albestroff.

Neuvelotte (La), 905 hect., 216 h, à 235 m., c. de Nancy (Est).

Neuves-Maisons, 210 hect., 803 h., au S. de la forêt de Haye, près de la Meurthe, à 220 m., c. de Nancy (Ouest). — Vins.

Neuviller-lès-Badonviller, 581 hect., 284 h., à 300 m., c. de Baccarat.

Neuveville-aux-Bois (La), 1904 hect. 531 h., à 275 m., c. de Lunéville (Sud-est). — 900 hect. de bois.

Neuveville-derrière-Foug (La), 80 hect., 229 h., entre deux collines de 371 et 378 m., c. de Toul (Nord).

Neuveville-devant-Bayon (La), 575 hect., 347 h., à 330 m., c. d'Haroué.

Neuveville-devant-Nancy (La), 1223 hect., 846 h., sur la Meurthe et le canal de la Marne au Rhin, à 215 m., c. de Saint-Nicolas. »→ Eglise du xiie ou du xiiie s. — Voie romaine.

Neuveville-en-Saulnois (La), 399 hect., 360 h., à 270 m., c. de Delme.

Neuveville-lès-Lorquin (La), 317 hect., 156 h., sur la Sarre-Blanche, à 296 m., c. de Lorquin.

Neuviller-sur-Moselle, 638 hect., 560 h., à g. de la Moselle, à 260 m, c. d'Haroué. — Carr. de pierres lithographiques. »→ Château du xviiie s.

Nicolas-du-Port (Saint-), 633 hect., 3868 h., sur la Meurthe et le canal de la Marne au Rhin, à 215 m., ch.-l. de c. de l'arr. de Nancy. — Salines. »→ Eglise (mon. hist.; *V. Antiquités*).

Niderhoff, 519 hect., 559 h., sur la Sarre-Blanche, à 285 m., c. de Lorquin.

Niederviller, 1070 hect., 866 h., sur le canal de la Marne au Rhin, à 260 m., c. de Sarrebourg. — Belle terre de pipe. — Importante manufacture de faïences. — 652 hect. de bois.

Niedestinzel, 1295 hect., 771 h., sur la Sarre, à 230 m., c. de Fénétrange. »→ Débris du château de Géroldseck.

Nitting, 836 hect., 394 h., sur la Sarre-Rouge, à 275 m., c. de Lorquin.

Nomeny, 207 hect., 1227 h., sur la Seille, à 188 m., ch.-l. de c. de l'arr. de Nancy. »→ Eglise des xiiie, xive et xve s., renfermant un Saint-Sépulcre. — Vestiges de fortifications.

Nonhigny, 577 hect., 283 h., à 285 m., c. de Blamont. — Fontaine minérale.

Norroy, 588 hect., 718 h., sur le penchant d'une colline de 380 m. qui domine la Moselle, c. de Pont-à-Mousson. »→ Vestiges d'un camp romain. — Belle église du xviie s.

Noviant-aux-Prés, 1119 hect., 415 h., à 250 m., c. de Domèvre. — Carr. de pierres de taille.

Oberstinzel, 507 hect., 261 h., sur la Sarre, à 280 m., c. de Fénétrange.

OBRECK, 317 hect., 170 h., sur la Petite-Seille, à 215 m., c. de Château-Salins.

OCHEY, 1785 hect., 481 h., à 325 m., c. de Toul (Sud). — 882 hect. de bois. »→ Voie romaine. — Eglise du XVe s.

OGÉVILLER, 353 hect., 585 h., à 260 m., c. de Blamont. »→ Deux tours ruinées.

OGNÉVILLE, 412 hect., 343 h., à 280 m., c. de Vezelise. »→ Débris romains.

OMELMONT, 460 hect., 235 h., à 300 m., c. de Vezelise. »→ Débris romains.

OMMERAY, 1008 hect., 433 h., à 220 m., c. de Vic.

ORIOCOURT, 433 hect., 172 h., au pied de la côte de Delme, à 250 m., c. de Delme.

ORMES-ET-VILLE, 1248 hect., 403 h., sur le Madon, à 300 m., c. d'Haroué. »→ Belle église du XVe s., stalles sculptées. — Ruines d'un château.

ORON, 520 hect., 474 h., sur la Nied française, à 241 m., c. de Delme.

PAGNEY-DERRIÈRE-BARINE, 602 hect., 490 h., sur le penchant d'une colline de 359 m., c. de Toul (Nord). — Vins.

PAGNY-SUR-MOSELLE, 1159 hect., 1037 h., sur la rive g. de la Moselle, à 175 m., c. de Pont-à-Mousson, [ST] de la ligne de Frouard à Metz — Environ 140 hect. de vignes produisant un vin renommé dans le pays.

PANNES, 829 hect., 377 h., à 220 m., c. de Thiaucourt.

PAREY-SAINT-CÉSAIRE, 565 hect., 387 h., sur une colline, à 300 m., c. de Vezelise. »→ Eglise des XIIIe et XVe s.

PAROY, 1764 hect., 672 h., à 260 m., c. de Lunéville (Sud-Est). — 300 hect. de bois. »→ Château.

PARUX, 438 hect., 366 h., au pied des Vosges, à 330 m., c. de Lorquin.

PETITMONT, 1759 hect., 892 h., c. de Lorquin. — 1019 hect. de bois.

PETTONCOURT, 484 hect., 285 h., sur la rive dr. de la Seille, à 205 m., c. de Château-Salins.

PETTONVILLÉ, 291 hect., 183 h., à 265 m., c. de Baccarat.

PÉVANGE, 189 hect., 89 h., à 230 m., c. de Château-Salins.

PEXONNE, 1342 hect., 723 h., au pied des Vosges, à 290 m., c. de Baccarat. — Pierres de taille. — Faïence, tuiles, briques, chaux.

PHALSBOURG, 1294 hect., 3564 h., à 340 m., ch.-l. de c. de l'arr. de Sarrebourg. — Place de guerre de 2e cl., — Fabrique renommée d'eau de noyau, kirsch et autres liqueurs. »→ Belle église (1740).

PHLIN, 368 hect., 211 h., à 200 m., c. de Nomeny. — Aiguilles. »→ Restes d'un donjon ogival.

PIERRE, 1278 hect., 524 h., sur la Moselle, à 208 m., c. de Toul (Sud). »→ Grottes très-curieuses dans lesquelles ont été trouvées de antiquités des premiers âges de l'homme.

PIERRE-PERCÉE, 991 hect., 403 h., dans un vallon étroit, entre deux collines de 470 et 562 m., c. de Baccarat. »→ Ruines d'un ancien château des comtes de Salm.

PIERREVILLE, 287 hect., 140 h., sur le Madon, à 226 m., c. de Vezelise.

PIXERÉCOURT, 270 hect., 89 h., sur la Meurthe, à 195 m., c. de Nancy (Est).

PLAINE-DE-VALSCH, 496 hect., 391 h., sur la crête d'une colline de 365 m., c. de Sarrebourg. — Pierres de taille. — Verrerie importante à Vallérysthal.

POLE (SAINTE-), 568 hect., 400 h., à 275 m., c. de Baccarat.

POMPEY, 798 hect., 663 h., sur la Meurthe, à 222 m., c. de Nancy (Nord). »→ Mines de fer. — Château ruiné.

PONT-A-MOUSSON, 2159 hect., 7963 h., sur la Moselle, au pied de la colline de Mousson, à 185 m., ch.-l. d. c. de l'arr. de Nancy, [ST] de la ligne de Frouard à Metz. — Hauts-fourneaux; faïencerie. — Commerce important. »→ Eglise Saint-Martin (V. *Antiquités*). — Vestiges de fortifications. — Magnifiques bâtiments du petit-séminaire (ancienne abbaye de Sainte-Marie. — Bel hôpital civil.

PONT-SAINT-VINCENT, 606 hect., 797 h., sur la Moselle, près du confluent du Madon, à 220 m., c. de Nancy (Ouest). — Mines de fer; tannerie. »→ Eglise intéressante. — Maisons du XVIe s. — Pont de 9 arches (1756).

PORT-SUR-SEILLE, 637 hect., 421 h., sur la Seille, à 189 m., c. de Pont-à-Mousson. »→ Ancien château. — Dans l'église, pierres tombales intéressantes.

POSTROFF, 500 hect., 482 h., à 308 m., c. de Fénétrange.

PRAYE, 870 hect., 504 h., au pied de la côte de Sion (500 m.), c. de Vezelise.

PRÉNY, 1509 hect., 397 h., sur un coteau escarpé, à 365 m., c. de Pont-à-Mousson. — 818 hect. de bois. »→ Château ruiné. (V. *Antiquités*.)

PRÉVOCOURT, 668 hect., 280 h., sur le penchant d'une colline de 387 m., c. de Delme.

PULLIGNY, 920 hect., 716 h., sur le Madon, à 230 m., c. de Vezelise. »→

Fontaine antique. — Restes d'un château. Maisons des xve et xvie s.

Pulney, 435 hect., 241 h., sur le penchant d'une colline de 490 m., c. de Colombey. »→ Retranchements gallo-romains.

Pulnoy, 371 hect., 124 h., à 252 m., c. de Nancy (Ouest).

Puttigny, 740 hect., 252 h., à 230 m., c. de Château-Salins.

Pulzieux, 611 hect., 342 h., à 271 m., c. de Delme.

Quevilloncourt, 288 hect., 111 h., à 270 m., c. de Vézelise.

Quirin (Saint-), 585 hect., 1582 h., dans une vallée, au pied des Vosges, à 325 m., c. de Lorquin. — Manufacture de glaces. »→ Fauteuil de S. Quirin, monument druidique.

Raon-lès-l'Eau, 143 hect., 336 h., sur la rive dr. de la Plaine (430 m.). encadrée par des montagnes de 690 à 745 m., c. de Lorquin. — 1176 hect. de bois.

Raucourt, 506 hect., 381 h., à 220 m., c. de Nomeny. »→ Ancien château.

Raville, 323 hect., 157 h., à 230 m., c. de Lunéville (Nord).

Réchicourt-la-Petite, 543 hect., 183 h., à 260 m., c. de Vic.

Réchicourt-le-Chateau, 2545 hect., 973 h., à 270 m., ch.-l. de c. de l'arr. de Sarrebourg, [ST] de Paris à Strasbourg. — 1283 hect. de bois. »→ Débris romains — Restes du château de Talbourg (mon. hist.).

Réclonville, 101 hect., 208 h., à 265 m., c. de Blamont.

Réding, 1109 hect., 885 h., à 260 m., c. de Sarrebourg.

Regniéville, 831 hect., 280 h., à 330 m., c. de Thiaucourt.

Rehainviller, 563 hect., 518 h., sur la rive g. de la Meurthe, à 230 m., c. de Gerbéviller. »→ Ancien château d'Adoménil.

Rehéray, 568 hect., 274 h., à 270 m., c. de Baccarat.

Reillon, 300 hect., 152 h., à 264 m., c. de Blamont.

Rembercourt, 504 hect., 340 h., sur le Mad, à 200 m., c. de Thiaucourt. — Pierres de taille.

Reménauville, 827 hect., 209 h., à 302 m., c. de Thiaucourt. »→ Belle église moderne.

Réménoville, 816 hect., 321 h., au pied de deux collines, à 280 m., c. de Gerbéviller.

Réméréville, 1374 hect., 512 h., à 240 m., c. de Saint-Nicolas.

Remimont (Saint-), 709 hect., 436 h., à 340 m., c. d'Haroué.

Remoncourt, 500 hect., 156 h., à 265 m., c. de Blamont.

Remy-aux-Bois (Saint-), 975 hect., 420 h., à la lisière de la forêt de Charmes, à 290 m., c. de Bayon.

Réning, 381 hect., 250 h., à 225 m., c. d'Albestroff.

Repaix, 487 hect., 195 h., à 377 m., c. de Blamont.

Rhodes, 937 hect., 271 h., sur l'étang de Stock, à 260 m., c. de Sarrebourg.

Richardménil, 688 hect., 310 h., à 240 m., c. de Saint-Nicolas. — 401 hect. de bois.

Riche, 635 hect., 260 h., sur la Petite-Seille, à 220 m., c. de Château-Salins.

Richeval, 287 hect., 275 h., à 310 m., c. de Réchicourt.

Rodalbe, 1035 hect., 389 h., à 240 m., c. d'Albestroff. — 540 hect. de bois.

Rogéville, 693 hect., 227 h., à 310 m., c. de Domèvre.

Romain, 310 hect., 63 h., sur le penchant d'une colline de 365 m., c. de Bayon.

Romécourt, 527 hect., 52 h., à 270 m., c. de Réchicourt.

Romelfing, 1068 hect., 645 h., sur la Sarre, à 232 m., c. de Fénétrange.

Rorbach, 210 hect., 181 h., sur deux étangs, à 220 m., c. de Dieuze.

Rosières-aux-Salines, 2884 hect., 2153 h., près de la Meurthe, à 218 m., c. de Saint-Nicolas, [ST] de la ligne de Paris à Strasbourg. — Haras. Vins estimés. — Salines; plâtre. »→ Maisons des xve et xvie s. — Restes de remparts. — Fontaine monumentale.

Rosières-en-Haye, 1074 hect., 308 h., à 360 m., c. de Domèvre. — 288 hect. de bois.

Rouves, 368 hect., 209 h., à 188 m., c. de Nomeny.

Roville, 300 hect., 304 h., près de la rive g. de la Moselle, à 270 m., c. d'Haroué. — Ferme-école.

Royaumeix, 2156 hect., 423 h., à 240 m., c. de Domèvre. »→ Belle église moderne.

Rozelieures, 758 hect., 558 h., sur l'Euron, à 300 m., c. de Bayon.

Saffais, 390 hect., 142 h., sur une colline de 367 m., entre la Meurthe et la Moselle, c. de Saint-Nicolas.

Saizerais, 1444 hect., 812 h., à 270 m., c. de Domèvre. »→ Camp romain.

Salival, 397 hect., 84 h., à 225 m.,

c. de Château-Salins. — Ferme importante.

SALONNES, 357 hect., 363 h., à 202 m., c. de Château-Salins. — Fontaine qui ne jaillit en abondance qu'aux temps de sécheresse.

SANZEY, 377 hect., 296 h., au milieu des forêts, à 225 m., c. de Toul (Nord).

SARRALTROFF, 1197 hect., 643 h., c. de Fénétrange.

SARREBOURG, 772 hect., 3030 h., sur la Sarre et le canal de la Marne au Rhin, à 250 m., par 48° 44' 8" de latit. et 4° 42' 58" de long. E., ch-l. d'arr. et de c., ST de la ligne de Paris à Strasbourg. — Fonderie de cloches. ⇛ Débris de fortifications.

SAULXEROTTE, 315 hect., 215 h., à 350 m., c. de Colombey. ⇛ Ermitage Saint-Amon, fondé au IVe s.

SAULXURES-LÈS-NANCY, 704 hect., 423 h., à 220 m., c. de Nancy (Est).

SAULXURES-LÈS-VANNES, 1781 hect., 842 h., à 300 m., c. de Colombey. — 836 hect. de bois. ⇛ Ruines du château de Mérigny et du village de Traprey.

SAUVEUR (SAINT-), 1915 hect., 217 h., à 461 m., c. de Lorquin. ⇛ Beau chœur d'une église abbatiale (XVe s.).

SAXON-SION, 625 hect., 269 h., sur deux collines de 493 et 500 m., c. de Vezelise. ⇛ Pèlerinage fondé au Xe s. — Débris romains.

SCHALDACH, 1250 hect., 800 h., à 290 m., c. de Fénétrange.

SCHNECKENBUSCH, 212 hect., 274 h., sur le canal de la Marne au Rhin, à 270 m., c. de Sarrebourg.

SÉCHAMPS, 425 hect., 359 h., à 212 m., c. de Nancy (Est).

SEICHEPREY, 834 hect., 273 h., à 250 m., c. de Thiaucourt.

SELAINCOURT, 1085 hect., 511 h., à 360 m., c. de Colombey. ⇛ Ruines d'un couvent.

SERANVILLE, 537 hect., 240 h., à 313 m., c. de Gerbéviller.

SERRE, 1558 hect., 570 h., à 277 m., c. de Lunéville (Nord). — Chaux estimée. ⇛ Ancien couvent.

SERRIÈRES, 207 hect., 147 h., à 340 m., c. de Noméný.

SEXEY-AUX-FORGES, 1409 hect., 491 h., à 220 m., c. de Toul (Sud). — 440 hect. de bois. ⇛ Débris romains. — Eglise du XIVe s. — Château ruiné.

SEXEY-LES-BOIS, 672 hect., 478 h., à 271 m., c. de Toul (Nord).

SIONVILLER, 673 hect., 110 h., à 275 m., c. de Lunéville (Sud-est).

SIVRY, 641 hect., 286 h., à 247 m., c. de Nomeny. — Source minérale estimée.

SOMMERVILLER, 343 hect., 666 h., à g. du Sanon, à 220 m., c. de Lunéville (Nord). — Salines.

SORNÉVILLE, 791 hect., 518 h., à 250 m., c. de Château-Salins.

SOTZELING, 360 hect., 123 h., à 235 m., c. de Château-Salins.

TANCONVILLE, 408 hect., 304 h., à 310 m., c. de Lorquin.

TANTONVILLE, 796 hect., 576 h., à 300 m., c. d'Haroué. — Brasserie renommée. ⇛ 2 châteaux ruinés.

TARQUIMPOL, 637 hect., 165 h., dans une presqu'île de l'étang de Lindre, à 222 m., c. de Dieuze. ⇛ Antiquités romaines (mon. hist.); remparts.

THELOD, 1076 hect., 464 h., sur le penchant d'une colline de 455 m., c. de Vezelise. ⇛ Petit volcan éteint. — Ruines d'un château. — Eglise curieuse des XIIe et XVe s.

THEY, 169 hect., 69 h., au pied du plateau de Vaudémont (545 m.), c. de Vézelise. ⇛ Vieux château.

THEZEY-SAINT-MARTIN, 788 hect., 363 h., à 210 m., c. de Nomeny. ⇛ Château ruiné, avec chapelle.

THIAUCOURT, 985 hect., 1488 h., sur le Mad, à 210 m., ch.-l. de c. de l'arr. de Toul. — Vignes renommées (194 hect.). ⇛ Débris de remparts. — Chapelle du XVe s.

THIAVILLE, 430 hect., 582 h., sur la rive g. de la Meurthe, à 291 m., c. de Baccarat. ⇛ Restes d'un château.

THIÉBAUMÉNIL, 383 hect., 463 h., sur la Vezouse, à 242 m., c. de Lunéville (Sud-est).

THOREY, 603 hect., 319 h., sur le Brenon, à 295 m., c. de Vezelise.

THUILLEY-AUX-GROSEILLES, 911 hect., 342 h., dans un ravin, à 315 m., c. de Colombey.

TINCRY, 839 hect., 330 h., à 270 m., c. de Delme. — Pierres de taille.

TOMBLAINE, 613 hect., 607 h., sur la rive dr. de la Meurthe, à 205 m., c. de Nancy (Ouest). — Fabr. de drap, filat.; féculerie, glucose, amidon. ⇛ Beau pont en pierre de 5 arches.

TONNOY, 1216 hect., 830 h., sur la rive dr. de la Moselle, à 241 m., c. de Saint-Nicolas.

TORCHEVILLE, 1035 hect., 435 h., à 230 m., c. d'Albestroff. ⇛ Restes d'un château.

TOUL, 2479 hect., 7410 h., sur la Moselle, à 204 m., par 48° 40' 32" de latit. et 3° 33' 14" de long. E., ch.-l. d'arr. et de 2 c., place forte de 3e classe ST de la ligne de Paris à Strasbourg. — Faïencerie. »→ *Cathédrale* et *église Saint-Gengoult.* (*V. Antiquités.*)— Bel *hôtel de ville* (1740). — Pont sur la Moselle (1770). — Au hameau de Libdeau, élégante église du XIIe s., cloche ancienne. — Chapelle de Gare-le-Cou (XIIe et XIVe). — Restes des abbayes de Saint-Epvre et de Saint-Mansuy.

TRAMONT-EMY, 391 hect., 116 h., à 380 m., c. de Colombey.

TRAMONT-LASSUS, 575 hect., 322 h., à 400 m., c. de Colombey.

TRAMONT-SAINT-ANDRÉ, 300 hect., 311 h., à 360 m., c. de Colombey. — 330 hect. de bois.

TREMBLECOURT, 608 hect., 317 h., à 250 m., c. de Domèvre.

TROIS-FONTAINES, 1153 hect., 919 h., à 280 m., c. de Sarrebourg.

TRONDES, 1225 hect., 781 h., à 270 m., c. de Toul (Nord). — 420 hect. de bois. »→ Eglise du XIIe s.

TURQUESTEIN, 3035 hect., 166 h., près du sommet d'un pic de 460 m., c. de Lorquin. — 2828 hect. de bois. »→ Restes d'un château.

URUFFE, 1305 hect., 869 h., à 270 m, c. de Colombey. — 391 hect. de bois. — Carrières.

VACQUEVILLE, 974 hect., 637 h., à 278 m., c. de Baccarat. »→ Eglise de 1520.

VAHL, 868 hect., 297 h., à 225 m., c. d'Albestroff. »→ Ruines d'un château.

VAL-DE-BON-MOUTIER, 1856 hect., 1210 h., sur un bras de la Vezouse, à 340-350 m., c. de Lorquin. — 1500 hect. de bois. — Scieries.

VALHEY, 623 hect., 282 h., à 260 m., c. de Lunéville (Nord).

VALLOIS, 726 hect., 384 h., sur la Mortagne, à 260 m., c. de Gerbéviller.

VALTEMBOURG, 139 hect., 131 h., à 330 m., c. de Phalsbourg.

VANDELAINVILLE, 135 hect., 163 h., à 200 m., c. de Thiaucourt. »→ Beau clocher du XVIe s.

VANDÉLÉVILLE, 982 hect., 545 h., à 320 m., c. de Colombey. — 433 hect. de bois. »→ Débris romains. — Sous l'église, crypte renfermant de curieuses sculptures et des sarcophages. — Château. — Ruines du village de Roville.

VANDIÈRES, 1234 hect., 725 h., à 182 m., c. de Pont-à-Mousson.

VANDŒUVRE, 390 hect., 1066 h., sur le versant E. du plateau de la forêt de Haye, à 280 m., c. de Nancy (Ouest). — Minerai ; tuyaux de drainage. »→ Chapelle curieuse. — Au Montet, écho remarquable.

VANNECOURT, 951 hect., 382 h., à 220 m., c. de château-Salins. — Source minérale.

VANNES-LE-CHATEL, 1730 hect., 506 h., à 290 m., c. de Colombey. — 1280 hect. de bois. »→ Restes d'un beau château.

VARANGÉVILLE, 1201 hect., 1013 h., sur la Meurthe et le canal de la Marne au Rhin, à 220 m., c. de Saint-Nicolas, [ST] de la ligne de Paris à Strasbourg. — Salines importantes. »→ Restes d'une église conventuelle (XIe s.). — Eglise paroissiale (XVe s.).

VASPERVILLER, 146 hect., 320 h., à 290-353 m., c. de Lorquin.

VATHIMÉNIL, 1231 hect., 424 h., sur la Meurthe, à 270 m., c. de Gerbéviller.

VAUCOURT, 629 hect., 287 h., à 255 m., c. de Blamont.

VAUDÉMONT, 676 hect., 333 h., à l'extrémité d'un étroit plateau de 500 à 545 m., c. de Vézelise. »→ Tour dite de Brunehaut ; débris de fortifications. (mon. hist.).

VAUDEVILLE, 903 hect., 425 h., à 300 m., c. d'Haroué. »→ Débris romains.

VAUDIGNY, 383 hect., 161 h., sur le Madon, à 250 m., c. d'Haroué.

VAXAINVILLE, 358 hect., 173 h., à 265 m. c. de Baccarat.

VAXY, 521 hect., 401 h., à 220 m., c. de Château-Salins.

VECKERSVILLER, 478 hect., 436 h., à 310 m., c. de Fénétrange.

VÉHO, 774 hect., 326 h., à 275 m., c. de Blamont.

VELAINE-EN-HAYE, 2011 hect., 521 h., à 272 m., c. de Nancy (Nord).

VELAINE-SOUS-AMANCE, 643 hect., 365 h., à 245 m., c. de Nancy (Est).

VELLE-SUR-MOSELLE, 578 hect., 291 h., sur la Meurthe, à 260 m., c. de Bayon.

VENEY, 345 hect., 202 h., à 295 m., c. de Baccarat.

VENNEZEY, 343 hect., 92 h., à 285 m., c. de Gerbéviller.

VERDENAL, 654 hect., 347 h., à 285 m., c. de Blamont.

VERGAVILLE, 1292 hect., 1076 h., à 230 m., c. de Dieuze. Filat. de laine. »→ Ruines d'une abbaye de Bénédictines rebâtie vers 1750. — Dans l'église, parties du XIe s.

VESCHEIM, 182 hect., 230 h., à 250 m., c. de Phalsbourg.

VÉZELISE, 538 hect., 1450 h., dans une étroite vallée, sur le Brenon, à 260 m., ch.-l. de c. de l'arr. de Nancy. »→ Ruines du château et du village de Velaine. — Maison du XVIe s. — Eglise du XVe s.

VIBERSVILLER, 1287 hect., 587 h., sur un étang, à 225 m., c. d'Albestroff.

VIC-SUR-SEILLE, 1548 hect., 2480 h., sur la Seille, à 202 m., ch.-l. de c. de l'arr. de Château-Salins. — Sources salées. — Bonneterie ; chandelles. ⇸ Ruines d'un château (mon. hist.) et de l'enceinte urbaine.

VIEUX-LIXHEIM, 623 hect., 403 h., à 300 m., c. de Fénétrange.

VIÉVILLE-EN-HAYE, 794 hect., 309 h., à 350 m., c. de Thiaucourt.

VIGNEULES, 557 hect., 292 h., sur le penchant d'une colline de 367 m., c. de Bayon. — Plâtre.

VILCEY-SUR-TREY, 342 hect., 284 h., à 200 m., c. de Thiaucourt. — 885 hect. de bois ⇸ Restes (XIIe s.) de l'abbaye de Sainte-Marie-aux-Bois.

VILLACOURT, 1381 hect., 944 h., à 270 m., c. de Bayon.

VILLE-AU-VAL, 578 hect., 254 h., dominé par une colline de 394 m., c. de Pont-à-Mousson.

VILLE-EN-VERMOIS, 1049 hect., 333 h., à 240 m., c. de Saint-Nicolas.

VILLERS-AUX-OIES, 419 hect., 209 h., sur la Nied française, à 250 m., c. de Delme.

VILLERS-EN-HAYE, 728 hect., 322 h., à 260 m., c. de Domèvre.

VILLERS-LÈS-MOIVRON, 285 hect., 131 h., sur le penchant d'une colline de 220 m., c. de Nomeny.

VILLERS-LÈS-NANCY, 983 hect., 704 h., à 260 m., c. de Nancy (Nord).

VILLERS-SOUS-PRÉNY, 616 hect., 365 h., à 290 m., c. de Pont-à-Mousson.

VILLEY-LE-SEC, 617 hect., 390 h., à 333 m., c. de Toul (Nord).

VILLEY-SAINT-ETIENNE, 1729 hect., 743 h., à 240 m., c. de Domèvre. — 495 hect. de bois; pierres de taille. ⇸ Vestiges d'un château.

VILSBERG, 500 hect., 701 h., à 250 m., c. de Phalsbourg.

VINTERSBOURG, 395 hect., 270 h., à 250 m., c. de Phalsbourg.

VIRMING, 839 hect., 608 h., à 230 m., c. d'Albestroff.

VIRRECOURT, 499 hect., 332 h., au pied d'une colline, à 380 m., c. de Bayon.

VITERNE, 2295 hect., 1121 h., à 310 m., c. de Vezelise. — 1176 hect. de bois; belles pierres de taille; sources abondantes, dont une ferrugineuse. — Carrières ; vins.

VITREY, 945 hect., 390 h., à 266 m., c. de Vezelise.

VITRIMONT, 1190 hect., 326 h., au pied de la côte de Léomont (350 m.), c. de Lunéville (Nord). — 465 hect. de bois. ⇸ Ancien château.

VITTERSBOURG, 715 hect., 566 h., à 250 m., c. d'Albestroff.

VITTONVILLE, 400 hect., 154 h., sur la rive dr. de la Moselle, à 190 m., au pied d'une colline de 206 m. de hauteur, c. de Pont-à-Mousson.

VIVIERS, 720 hect., 245 h., à 276 m., c. de Delme.

VOINÉMONT, 410 hect., 277 h., sur le Madon, à 235 m., c. d'Haroué. ⇸ Clocher roman.

VOYER, en allemand WEYERS-ZUM-HOHEN-TURM, 448 hect., 481 h., à 289 m., c. de Lorquin.

VRONCOURT, 412 hect., 186 h., à 304 m., c. de Vezelise. ⇸ Château ruiné.

VUISSE, 1453 hect., 267 h., à 233 m., c. de Château-Salins. ⇸ A Arlange, chapelle, but de pèlerinage.

WALSCHEID, 3834 hect., 1965 h., dans les forêts de Dabo, entre des collines de 400 à 500 m., c. de Sarrebourg. — Scieries. ⇸ Vestiges d'un château.

XAMMES, 815 hect., 330 h., à 230 m., c. de Thiaucourt.

XANREY, 749 hect., 371 h., à 230 m., c. de Vic.

XERMAMÉNIL, 1209 hect., 397 h., à 240 m., c. de Gerbéviller.

XEUILLEY, 720 hect., 301 h., à 266 m., c. de Vézelise. — Scierie.

XIROCOURT, 1130 hect., 754 h., sur le Madon, à 250 m., c. d'Haroué.

XOCOURT, 485 hect., 180 h., à 400 m., c. de Delme.

XOUAXANGE, 499 hect., 237 h., sur le canal de la Marne au Rhin, à 275 m., c. de Sarrebourg. ⇸ Belles ruines d'un château. — Sépultures taillées dans le roc et attribuées aux Triboques.

XOUSSE, 599 hect., 316 h., à 270 m., c. de Blamont.

XURES, 698 hect., 274 h., sur le Sanon et le canal de la Marne au Rhin, à 240 m., c. de Vic.

ZARBELING, 386 hect., 177 h., à 230 m., c. de Dieuze.

ZILLING, 357 hect., 332 h., à 277 m. c. de Phalsbourg.

ZOMMANGE, 359 hect., 121 h., sur un étang, à 215 m., c. de Dieuze.

FIN

COULOMMIERS — Typog. A. MOUSSIN.

MEURTHE

France par ADOLPHE JOANNE.

Librairie de L. Hachette et Cie à Paris.

COULOMMIERS. — Typogr. A. MOUSSIN.

www.ingramcontent.com/pod-product-compliance
Ingram Content Group UK Ltd.
Pitfield, Milton Keynes, MK11 3LW, UK
UKHW031927260826
14628UKWH00003B/1460

9 782019 128142